战略人力资源
新实战

从事务型HR向业务型HR转型

刘芳———著

A
NEW BATTLE
FOR
STRATEGIC HUMAN RESOURCES

中国原子能出版社 中国科学技术出版社
·北 京·

图书在版编目（CIP）数据

战略人力资源新实战：从事务型 HR 向业务型 HR 转型 /
刘芳著 . — 北京：中国原子能出版社：中国科学技术
出版社，2023.8
　ISBN 978-7-5221-2793-4

　Ⅰ . ①战… Ⅱ . ①刘… Ⅲ . ①人力资源管理 Ⅳ .
① F243

中国国家版本馆 CIP 数据核字（2023）第 114288 号

策划编辑	赵　嵘	**特约编辑**	高雪静
责任编辑	付　凯	**文字编辑**	高雪静
封面设计	仙境设计	**版式设计**	蚂蚁设计
责任校对	冯莲凤　张晓莉	**责任印制**	赵　明　李晓霖

出　　版	中国原子能出版社　中国科学技术出版社
发　　行	中国原子能出版社　中国科学技术出版社有限公司发行部
地　　址	北京市海淀区中关村南大街 16 号
邮　　编	100081
发行电话	010-62173865
传　　真	010-62173081
网　　址	http://www.cspbooks.com.cn

开　　本	710 mm×1000 mm　1/16
字　　数	213 千字
印　　张	16
版　　次	2023 年 8 月第 1 版
印　　次	2023 年 8 月第 1 次印刷
印　　刷	北京华联印刷有限公司
书　　号	ISBN 978-7-5221-2793-4
定　　价	79.00 元

从事务型 HR 到业务型 HR，拥抱变革，迎接挑战

吕峰　南开大学商学院副教授，南开大学现代管理研究所所长

在近三十年的理论研究与企业调研中，我经常会遇到这样的管理者——谈起企业发展愿景滔滔不绝，对商业模式变革和业务布局具有远大的抱负。然而当聊到企业是否具备支持战略转型的组织人力资源能力时，他们往往会唉声叹气，感慨手下的 HR 只会算考勤、做工资，既不能保质保量且高效地招到符合企业发展需要的人才，又不能做好人才培养与团队建设工作，从而导致人力资源管理总是跟不上企业战略变革需要。

自从 1996 年托马斯·斯图沃特（Thomas A. Stewart）在《财富》杂志上撰文扬言"炸掉人力资源部"以来，抱怨人力资源部无用、呼吁拆分人力资源部的声音与行动就从未停止——从 2018 年华为公司成立总干部部，到万科公司开启职能部门业务化尝试，再到字节跳动公司撤销了人才发展中心。2022 年 8 月，碧桂园集团甚至成立了一家名为"慧捷咨询"的人力资源管理咨询公司，跟赛普等老牌房地产咨询公司抢起了生意。

"大厂"一方面纷纷向人力资源部开刀，大刀阔斧地推进人力资源管理转型；另一方面持续推进组织变革与降本增效，人力资源的战略价值不仅未被削弱，反而从侧面得到了印证与强化——阿里巴巴集团启动"1+6+N"的大规模组织变革，中台被彻底分拆；推特公司被马斯克收购后员工人数从近 7500 人减到只剩近 1500 人；元宇宙（Meta）公司完成了第二轮万人裁员计划，累计裁员约 21000 人；亚马逊公司 2022 年裁掉 27000 人。经历了

快速扩张与人员规模持续增长后，精细化运营成为互联网企业不约而同的发展方向，阿里巴巴集团的张勇、TikTok 公司的周受资、京东集团的许冉、微博品牌的王高飞……集团高层纷纷走向前台担任企业一把手，"大水漫灌"让位于精打细算。

"黑天鹅"事件频繁涌现，经济衰退、赢利收缩的风险使得企业越来越关注生存和赢利。只有给公司创造价值，人力资源部才能拥有生存权和话语权。那么如何有效发挥人力资源管理的战略价值，实现从事务型 HR 到业务型 HR 的成功转型呢？

市场上解读人力资源管理转型与三支柱模型的书籍浩如烟海，本书作者另辟蹊径，结合自身十多年的管理咨询与企业人才培养体系建设的经验，从乙方视角分析企业战略需求，从甲方视角观察人力资源管理，帮助读者跳出传统 HR 的思维惯性，从大变局时代的人力资源变革趋势入手，以原理为纲，以案例作目，对新时代人力资源从业者的角色定位进行了系统建构，帮助每个立志转型的人力资源从业者树立业务导向的思维模式，并就组织设计、人才培养、人才激励和人才管理数智化转型等人力资源管理转型阶段的重点工作提供了行之有效的思维方法与实践技巧。

随着人力资源服务市场的快速发展，企业的基础人力资源职能工作日益整合外包，业务伙伴、变革先锋、战略 HR 专家和员工加油站取代了传统的事务性工作主体，日益成为人力资源管理方面的核心角色。如何科学开展组织诊断、人才盘点、机制建设和团队建设，更有效地赋能业务目标，加速文化融合并促进组织发展？如果你还没有答案，不妨开卷细细品读，在字里行间或许能寻找到不一样的感悟与收获。

2023 年 6 月 15 日，天津八里台

目 录

第四章 CHAPTER4 | 人力资源管理转型实操之激励体系 ▶ *157*

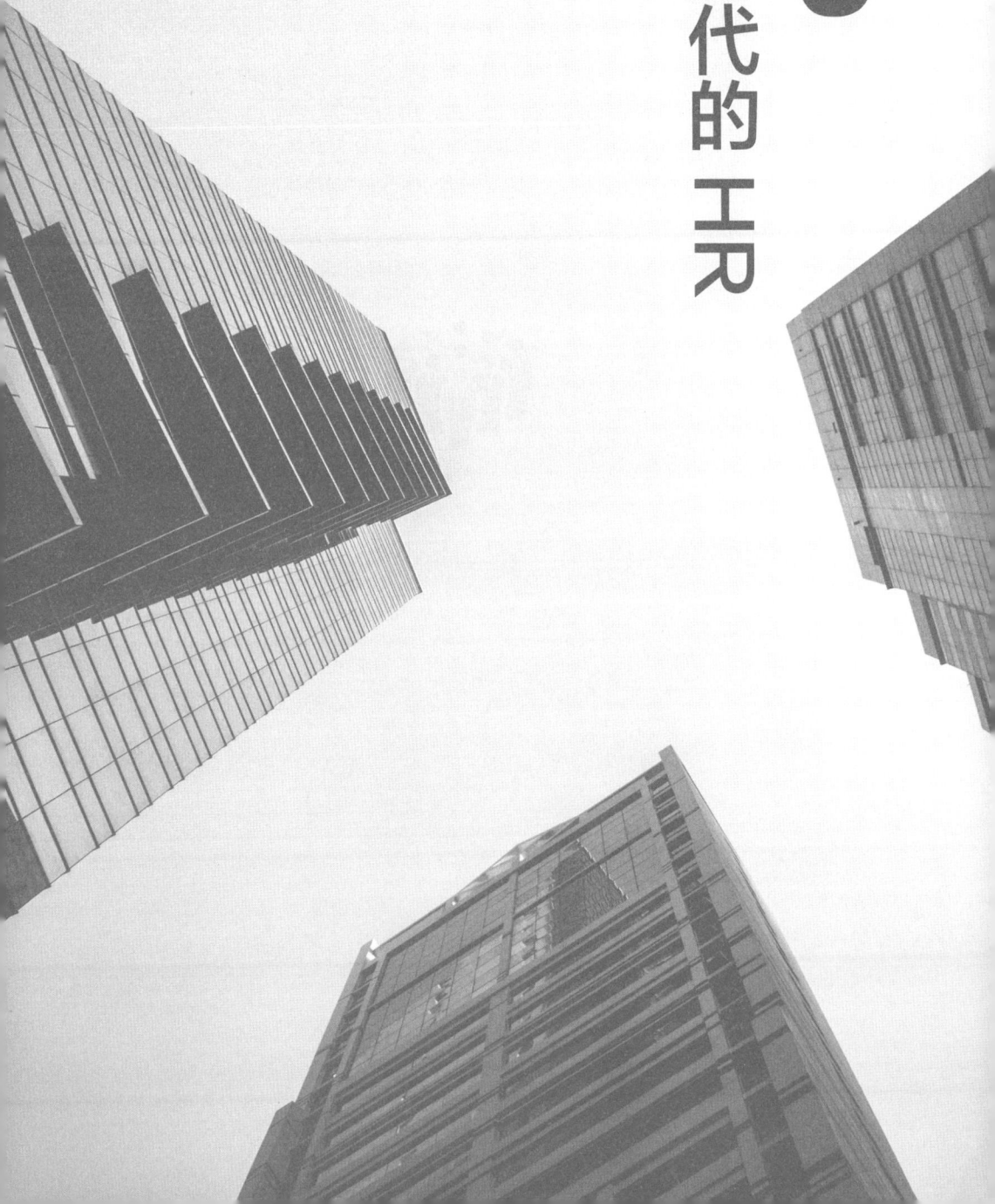

第一章

新时代的 HR

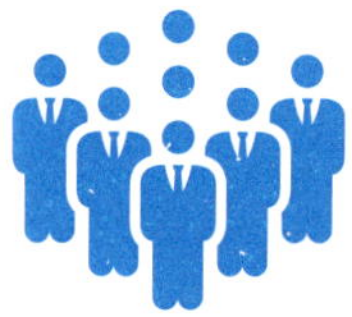

面对瞬息万变的市场环境，战略敏捷性变得尤为重要。作为企业战略落地的推动者与执行者，人力资源从业者面临着诸多挑战。尤其是自 2020 年新冠疫情以来，我们赖以生存的稳定环境被彻底打破。企业在未知的变化中寻求出路和发展，人力资源管理则更需要适应时代新的发展要求。麦肯锡全球总裁施南德（Kevin Sneader）和舒布哈姆·辛格尔（Shubham Singhal）在《瞻望未来：我们如何构建"下一个新常态"》一文中指出：人和人之间的距离正发生变化，要重视韧性和效率，行业结构、消费者行为、市场地位及行业吸引力发生改变等现象已成新冠疫情期间和后疫情时代的新常态。

作为人力资源管理从业者，面对新时代、新常态，我们必须要意识到通俗意义上的人力资源事务型管理已经不能适应时代的变化，而锁定战略、关注业务、持续变革已经成为新时代人力资源从业者的必修课。人力资源从业者也需要在这个过程中不断自我反思、自我觉察、自我超越，完成业务导向的人力资源管理者的思维重塑。

第一节

大变局时代的人力资源变革

▲

一、大变局时代人力资源变革的紧迫感

2022 年 1 月 11 日，世界银行发布的《全球经济展望》（*Global Economic Prospects*）报告指出，受新冠疫情持续蔓延、各经济体宏观政策支持力度下降、供应链修复缓慢以及消费需求上升空间有限等因素影响，2022 年和

2023 年全球经济复苏势头将显著放缓，全球经济复苏分化与不平衡将进一步加深。当时，预计 2022 年全球经济增速将放缓至 4.1%，较 2021 年 6 月的预测值下调 0.2 个百分点。另据国际劳工组织的统计显示，2022 年全球的失业人数将达到 2.07 亿左右。在全球劳动行业不景气的情况下，我国就业市场的形势也十分严峻。通过 2022 年全国城镇调查失业率走势图，我们可以得知 2023 年年初我国的城镇失业率约为 5.3%。

这些数据都在不断地提醒企业经营者，时代在改变，企业的战略转型和组织变革势在必行。作为组织变革助推者的人力资源从业者更需要具备能使组织产生效益的硬实力。

目前，国内的用工环境更加明确地显示，企业已逐步倾向于"灵活用工"和"灵活就业"的新形式，企业能依靠的具备足够忠诚度和认同感的员工越来越少，新的用工形式倒逼人力资源从业者站在新的时代快速反应，果敢决策，随机应变。

对于人力资源变革的紧迫感来源有三。

1. 组织利益相关者的期待

让我们来看一个案例。

案例　重要的战略规划

某企业在未来五年战略规划中明确看到"未来的需求增长绝大多数来自新兴市场和新兴区域"，同时，在战略规划中看到"传统产品和传统市场正在萎缩，而新兴市场正在快速增长"。因此，组织中的股东方、投资者、客户以及员工都需要组织在战略转型阶段做出相应的反应。那么，作为变革工作推动者的人力资源从业者自然承载着组织利益相关者的期待。他们需要在组织结构、绩效薪酬激励机制和人才发展管理上进行转型的调整，以匹配和适应组织在变革中的需要。

在年终经营分析会上，某企业总经理指出，现在本企业的产业发展较为成熟，经营发展日趋平稳，在行业内拥有一席之地。听到这里，领导班子与股东都喜不自胜，然而，总经理接下来的话，却让参与会议的人为之一颤。总经理接着说道："公司虽然在行业内有了一席之地，但行业发展却越来越不乐观，新型产品、数字化行业正在蓬勃发展，抢夺我们的市场资源，如果我们故步自封，停留在现在的成就上沾沾自喜，那么过不了几年公司可能就会没落，就是另一番光景了！"列席人员都觉得醍醐灌顶，冷静了下来，意识到了现在的危机。

会后，战略投资相关部门连夜开展市场调研，对市场行情、行业发展、公司定位、产品研发等方方面面重新进行了分析，拟定了未来五年的战略规划。此外，新的战略规划中提到了"传统产品和传统市场正在萎缩，而新兴市场正在快速增长"的情况。在新一轮的经营分析会上，股东、经营班子对新的战略发展规划表示认可。

新的战略规划意味着新的挑战，未来发展向新产业倾斜，那么传统产业该如何发展？新产品的研发、营销人才从哪里来？该向他们提供多少薪酬合适？总经理将目光投向了人力资源部。此次改革，人力资源部将发挥尤为重要的角色。会后，总经理将人力资源部门负责人叫到了办公室，将此次改革的期待与要求对人力资源部门负责人进行了说明。总经理希望此次改革能够平稳过渡，稳定老员工，同时也要让新员工快速、成功地融入公司组织。此次改革组织中的股东方、投资者、客户以及员工都需要组织在战略转型阶段做出相应的反应，且组织需要尽可能兼顾各方利益。

出了总经理办公室，人力资源部门负责人陷入了沉思。这次改革意义重大、任务艰巨，做的每一个动作都要十分坚决且谨慎。作为变革工作的推动者，人力资源部门负责人参考了新的战略发展规划并结合了市场上其他企业的先进管理经验，在经历了一轮又一轮与公司领导班子的沟通后，最终形成了改革方案，在组织结构、绩效薪酬激励机制和人才发展管理上进行了转型调整，以匹配和适应组织在变革中的需要。

基于战略发展规划，在组织架构上，人力资源部门整合资源，调整架构，为新产品的研发、营销、生产部门增加编制，内部调派精兵强将，外部招揽社会人才组建队伍，同时，逐步调减传统产品线的人员，合理降低相应的人员成本；在薪酬绩效上，结合市场薪酬水平，提供有吸引力的薪酬和激励措施，同时也结合新产品研发、营销和发展规划设置了一套科学的绩效考核方法，为招揽人才、发挥人员的工作积极性提供了强有力的支撑；在制度落地前，公司的人力资源部门意识到，组织与薪酬绩效做了调整，人员解决了，但内部的人员与社会招聘人员在新产业中没有明确的横向、纵向的职位层级划分，如何平稳、公平地调动成了难题。为此，人力资源部门连夜研究赶制了新的职位图谱，将新产业链条的岗位也增加到了公司的职位图谱中，同时明确了相应人员的晋升发展通道，让新老员工都能更好地适应公司新规划。

新战略发展规划的提出、与总经理的单独会谈、改革方案一次又一次的调整、领导班子对新方案期待的目光，这些都让人力资源从业者深切地感受到了组织利益相关者的期待，这种期待既是一份信任，又让人力资源从业者有了紧迫感，同时也是督促人力资源从业者提供产出的重要推动力。聚焦于组织利益相关者，可以更加有针对性地鉴别组织战略需求和外部市场需求的关键点。人力资源从业者可以在这个阶段建立一套完善的运营机制来提升组织的运营能力。

2. 竞争对手迅速迭代的助推

让我们再看一个案例。

案例 竞争对手"助推"下的改革

某企业在经过多次市场调研与分析后发现,"传统产品和传统市场正在萎缩,而新兴市场正在快速增长",因此,在最新的五年战略规划中明确提出"未来的需求增长绝大多数来自新兴市场和新兴区域"。规划很美好,现实很"骨感",在规划的同时,企业管理者也注意到,如果不调整发展方向,企业与行业竞争对手的差距将越来越大,企业甚至面临被淘汰的风险;如果调整发展方向,企业将面临坎坷的改革之路。该如何说服股东方与投资者同意调整业务方向?若企业现有员工与未来的业务方向并不完全匹配,是裁员重新招聘人才还是对现有人员进行大力培训?摆在企业管理者面前的是一条机会与危险并存的道路。作为变革工作推动者的人力资源从业者则承载着组织利益相关者的期待。企业管理者对此次组织结构、绩效薪酬激励机制和人才发展管理的改革方案寄予厚望,希望它们能够匹配和适应组织在变革中的需要。曾经门可罗雀的人力资源部门迅速成为内外部门关注的焦点。

在企业战略规划分析会上,总经理向全体董事与各部门负责人介绍了企业发展情况和竞争对手的先进经验:企业"十三五"期间超额完成各项经营目标,选聘了部分优秀的专业人才,初步构建了风险控制制度体系,与"十二五"末期相比取得了长足的进步。但大家也应当清醒地看到，同一时期同行和跨界竞争对手纷纷加强了产业链布局和业务数字化升级，大力开展多元化经营，持续推进全面风控体系建设，改进了以业务为导向的考核激励机制。与其相比，本企业在经营创新、风险防范、资本运作和团队建设方面的竞争力明显不足，突出表现为：企业组织架构无法满足业务转型的需求，现行的考核激励制度未能充分考虑业务模式与行业实际情况，核心人才与市场相比薪酬水平较低，激励效应不足；传统业务依赖度较高，面临行业标准变化和疫情、国际贸易争端等冲击，发展的不确定性增加。

为了提高战略适应性，会后人力资源部与公司高管团队以及各部门负责人开展了多轮研讨，分析设计了人力资源管理改革方案：第一，优化企业组织架构和岗位设置（市场部按照业务流程和类型分组设置业务组长、销售岗和客服岗、营销岗和数据管理岗，加强企业市场调研，产品创新，品牌宣传和信息化建设，客户数据管理以及销售计划统计分析工作；设置独立的风险控制部，强化事前、事中、事后的风险管理）。第二，完善薪酬激励体系（设计基于岗位价值和绩效贡献的宽带薪酬体系，构建即时激励与年终绩效薪酬联动机制，即时激励与各类业务收入完成值情况挂钩，按照部门业务贡献度和个人职级工资水平、绩效考核成绩进行二次分配；构建专业序列与管理序列相结合的职业发展通道，形成综合评价定岗定级机制和绩效导向晋升降黜机制）。第三，完善绩效管理体系（以工作分析与目标管理为基础，更新各部门绩效指标库，明确市场部重点考核收入、利润、合同额、客户数等营收成果指标；年终奖与即时激励考核兑现按照正态分布合理拉开差距）。为适应中长期发展需要，打造平台化、数字化业务体系，计划在上述改革方案落地的基础上，2025 年后对组织架构做进一步调整，增设创新合作部来负责产业研究和资源渠道开发，增设金融服务部来负责贸易金融衍生业务。

竞争对手的助推对组织来说是痛苦并快乐的。痛苦是因为组织面临逆水行舟不进则退的风险，外部的竞争压力会促使组织内部不断地进行反思、改善；快乐是因为组织在比较的过程中能够更有效地发现自身的不足，找到突破口对标施策，从而成为更好的自己。在竞争对手迅速迭代的助推下，组织可以更加明确现阶段的差距和改善点。人力资源从业者可在这个阶段结合组织的需要来完善内部业务流程、组织结构、考核激励机制等，最终实现组织效能飞越。

3. 人力资源从业者走出"舒适区"的诉求

让我们再看下第三个案例。

案例　人力资源从业者推动下的组织变革

某民营企业在过去的五年中，因技术和研发领先快速占领了市场，在市场份额和团队规模上都获得了质的飞跃。与此同时，组织中近半数的员工入职三年及以下，企业人才流失率和流转率较高，人力资源从业者在招聘和入转调离等基础工作中疲于奔命，却依然难以解决"留人难"的问题。经咨询公司调研后发现，人力资源从业者应该在创造人力资源的核心价值方面下功夫，从根本上解决人员高流失率的问题。因此，人力资源从业者急需跳出传统的"舒适圈"，快速从人力资源的事务性工作中进行分析并抓住核心突破点，并组织开展企业文化宣传贯彻、组织发展变革、人才培养与发展工作，以加强团队建设、维护与激励。

基于以上诉求,在咨询公司的指导与协助下,人力资源部门对企业战略发展规划、组织架构、人员数量与结构、岗位说明、薪酬管理制度、绩效考核表及制度,以及职位序列管理制度等资料进行了研究,对本企业的高层领导、部门负责人和员工代表进行了系统访谈,从五个方面进行了组织盘点诊断:

第一,组织结构方面,现行管控模式落后且组织设计不合理,部分部门和岗位的职责划分不清,缺乏科学的岗位编制和职业发展体系,人员优化配置缺乏合理标准。

第二,人员结构方面,管理层级多,部门管理者多由基层技术骨干提拔,缺乏科学的管理方法;管理效能低,团队凝聚力差,导致优秀人才流失。

第三,技能结构方面,具有各类专业技术职称的职工不足职工总数的 20%,缺乏管理干部培训等核心人才培养机制。人才队伍存在部分断层的现象,阻碍了企业的发展。

第四,文化风格方面,沟通链条长,影响工作效率,管理随意性严重,规章制度落实不力。

第五,管理机制方面,现行的薪酬激励结构单一,未结合岗位价值和业务模式进行激励机制的差异化设计,缺乏项目激励和中长期激励机制,与同行业的标杆企业相比,销售人员的人均人力成本投入不足,人均营业收入低于行业平均水平,缺乏基于公司目标和岗位职责绩效指标库的设计分解,指标动态调整不及时、不到位,平衡计分卡①考核未能

---

① 平衡计分卡,全称为 Balanced Score Card,一种绩效评价体系,把组织的使命和战略转化为财务指标、市场与客户指标、内部流程指标和学习发展指标,兼顾财务与非财务绩效、短期与中长期绩效。——编者注

充分落地，考核结果缺乏综合应用，目标激励性不足。

针对上述问题，人力资源部门与咨询公司展开合作，组织公司各部门干部开展价值链与业务流程分析，修订近期和中长期的组织结构，优化部门和岗位设置，完善管控模式和岗位编制标准，编制出职位图谱，搭建多元化的员工职业发展通道和机制；开展岗位评价和内外部薪酬调研，优化薪酬水平与结构，构建定制化的项目激励与超额利润分享机制，实现科学定薪、调薪与激励；提炼部门关键绩效指标库，完善全面绩效管理体系，打造以结果为导向的绩效评价与考核结果综合应用机制；构建人才培养体系，选拔和培养企业内训师并进行轮训考核激励，加强人才梯队建设。

最终，通过组织发展体系的变革，人力资源部不仅降低了人员流失率，更开启了从行政专家到战略专家、从职能伙伴到业务伙伴的转型之路。

改革对于人力资源从业者而言，不仅是挑战，更是机遇。说是挑战，是因为传统事务型的人力资源管理者很少从企业战略经营的全局来思考问题，各种管理措施大多是从本专业出发，往往头疼医头、脚痛医脚，治标不治本，组织发展改革对于习惯了这种工作模式的人力资源从业者而言可谓惊天动地的冲击。说是机遇，是因为大多数人力资源从业者其实并不想"躺平"，他们其实更希望在专业领域能有所创新与突破，打破组织对于人力资源从业者的刻板印象。

著名的人力资源管理专家戴维·尤里奇（Dave Ulrich）主张，在新的形势下，人力资源部门不能仅仅是行政支持部门，还应该是企业的策略伙伴、变革先锋、专业日常管理部门和员工的主心骨。企业战略变革与人力资源服务业的快速发展，为人力资源从业者的角色转换提供了内部需求与外部支持，越来越多的企业人力资源部门开始把基础的事务性工作进行整合或外包（例如，共享服务中心模式），集中精力开展战略性人力资源管理开发与业务支援服务。

企业人力资源部门需要制定全新的职能和纲领，把工作重心从员工招聘或薪资福利等传统活动和管理过程转移到提升人力资源效能等管理结果及配套组织诊断、人才盘点、机制建设、团队建设等关键管理任务上。人力资源部门的新使命要求人力资源工作者彻底改变自己的思维方式和行为方式。人力资源从业者的转型诉求可以推动组织产生新的变化，在结果层面推动业务目标达成，满足企业文化融合、组织发展变革等各个方面的需要。

人力资源变革势在必行。一方面，我们要优化组织内循环的流程和机制建设，以实现顾客价值的最大化为目标；另一方面，我们要提升组织外循环的竞争力和品牌认知，以实现组织社会价值的最大化为目标。

新时代的组织在未来需要将内循环与外循环相结合，形成双循环系统。人力资源从业者在这个历史机遇期，要承担更多的责任与使命。人力资源从业者既要掌握挖掘企业独特价值的方法，站在业务角度来支持内部资源配置，最终实现组织运营效率的提升，又要掌握呈现企业品牌价值的方法，重视以市场为导向的价值输出，最终实现组织社会价值的提升。双循环系统能使组织内外的功能相辅相成，也能使组织内外部人员的能力相得益彰。

二、人力资源管理"融入"新科技革命

在外部经济环境不断变化的同时，新科技革命也在发生着结构性变革。我们不仅要面临市场萎缩和经济下行的情况，还要面临新科技带来的替代

效应。人力资源管理者应该逐步成为新科技革命的支持者和参与者。

在人力资源领域中，薪酬发放、绩效评价、员工福利发放以及基础人事信息服务等职能都已经通过自动化实现了效率提升。与此同时，新科技带来的革命并不止步于替代基础的任务型、事务型工作，更加"觊觎"着人力资源的其他模块。如果不想让"人力资源部门"真的消失，人力资源管理者就应该学会应对新科技革命带来的变化。

这个过程将推动人力资源从业者实现从浅入深的变革。过去，人力资源从业者更关注组织内部的多渠道基础数据，因而形成了信息冲突，同时面临着数据冗余、数据整合和应用的多重挑战。在"融入"新科技后，人力资源从业者将跳出数据本身，直面数智化的变革：**数据化与客户的互动、智能化与经营的融合、数智化与组织的链接**。

1. 数据化与客户的互动

在数据化的环境下，客户信息已经是可用各种维度数据描述的有机整体。我们现在每天都会在 OA（办公自动化）、MES（制造执行系统）、ERP（企业管理计划）等各种数字化系统中了解客户的画像、需求，并整理和维系与客户之间的关系。站在人力资源从业者的角度，营销人员可以通过 CRM 系统（客户管理系统）建立客户管理台账，并在系统中不断完善与客户的链接。人力资源从业者可以有效利用系统中的数据，并且在未来，这些数据将成为绩效考核层面的有力支持。同时，建立"客户运营＋客户数据双结合"的体系，改善销售端过强而经营端支持不到位的现象。现在，已经有越来越多的企业开展了线上优先互动的模式，比如我们经常会用到的移动、联通、电信等企业的客服热线，以及各大银行的客服热线。线上优先互动模式的推广，培养了客户运用数字化手段来满足自身需求的习惯，也提升了问题解决的速度。

2. 智能化与经营的融合

面对数字化营销新常态，经营者要从采购、设计、生产、营销等全产业链的角度思考智能化对组织的影响。面对智能化的日趋普及，将经营手段与智能化手段相融合的能力变成组织的核心竞争力之一。从企业经营管理的角度来看，在市场环境和外部环境不确定的条件下，企业要具备自我调整和自我革新的能力。就比如，现在很多生产型企业已经开始运用智能化的手段和工具了。原来在车间里一线工人都是手动操作，不仅不能保证生产效率还容易出现品质、安全等各种风险。现在的生产车间中出现了机械臂、智能生产线，这些设备规避了品质、安全的风险点。由此可见，智能化已经逐步与经营相融合，并通过提高经营效能的方式来不断体现智能化的重要性。站在人力资源从业者的角度来看，智能化在融合的过程中担任的是强有力的支持角色。任何企业在变革过程中都会经历组织、人员方面的变动，人力资源从业者要更好地支持组织的智能化转型，并降低企业的用工成本，提升组织中的人员效率。

3. 数智化与组织的链接

数字化、智能化都是组织发展过程中提升运营效率的手段。但是数智化作为数字化与智能化的结合，一方面打通了客户前端与生产后端，使效率提升，另一方面也使组织目标与员工目标协调统一，使效能提升。已经有越来越多的企业适应数智化的时代发展变化，当开始关注技术层面的创新之后，企业的组织效能也得到了提升。

随着市场竞争日趋激烈，经济发展方向与产业政策不断调整，新兴技术不断突破，原材料、土地和人力资源等生产要素成本的上升，导致制造业利润率的增长变得十分困难。三一重工在 2012—2015 年的营业收入持续下跌，从 468.31 亿元跌至 233.67 亿元。

尽管三一重工自 2005 年就意识到企业数字化转型的必要性、紧迫性，但受传统业务模式的管理惯性阻碍，数字化转型自 2016 年起才深入实行。通过潜心布局流程信息化、加大产品的研发投入，以及积极研发智能产品，三一重工希望通过实现产品智能化来提高产品价值；通过构建物联网平台等实现全过程的制造智能化；通过建造智能工厂来实现制造智能化，并降低生产成本，提高生产效率；通过对产品的实时定位、监控和管理来实现服务智能化，及时有效地解决客户问题，挖掘需求来提升客户价值。从产品智能化到制造智能化再到服务智能化，三一重工的数字化转型将数字技术融入研发、生产、经营管理、营销服务的各个环节，实现了全流程数据驱动，保持了高效的运营管理，三一重工迅速成长为行业中的龙头企业，自 2017 年起连续 5 年保持年均 100 亿元左右的高速增长，2021 年三一重工首次跻身全球企业 500 强。

同时，我们也看到三一重工在变革阶段对组织、员工的不断优化提升，在数字化转型的同时建立了全新的持续学习的企业文化，加强数字化转型和国际化人才的引进，并构建以人为本的培养体系，这些都是三一重工在完成数字化转型中不可或缺的支持力量。

作为人力资源从业者，我们能看到组织在变革的过程中，需要从战略锚定开始，不断对组织进行优化提升，关注员工的职业发展与人才育成，同时也在组织变革的进程中不断给予强有力的工具支撑，让组织能够顺利完成转型，并获得新生。

人力资源从业者将在这场"数智化"革命中打破固有思维、接受迭代信息、实现信息共享，并通过不断地迎接挑战来完成人力资源管理变革的重要一步。

👥📄 三、人力资源管理路径的探索与发现

管理学大师彼得·德鲁克（Peter Drucker）曾提出"我们必须从企业的宗旨入手来理解'企业是什么'。然而，企业的宗旨必须是存在于企业自身之外的。因为企业是社会的一种'器官'，所以企业的宗旨必须存在于社会之中"。德鲁克的理论让我们同样开始探索人力资源管理进程中的问题，并开始思考人力资源管理作为企业中的一个重要管理要素，该如何在企业的发展过程中发挥最大的效能。这也将我们的思路带入对人力资源管理路径的探索中，并在探索中运用德鲁克的理论不断地内观自身，思考与发现人力资源管理真正的意义与价值。

我们用德鲁克的理论来思考五个问题：

（1）人力资源部是什么？

（2）人力资源部的业务是什么？

（3）人力资源部的客户是谁？

（4）人力资源部的产品是什么？

（5）人力资源部的合作伙伴是谁？

我们在服务企业做咨询调研诊断的过程中，也不断地向企业的高管团队和中层管理者询问这五个问题。通过调研，我们了解了管理者对人力资源从业者的认知以及暴露出来的问题。

企业各层管理者对人力资源从业者的认知为：不懂业务、不知道企业战略重点、拘泥于流程和案头工作、制作了太多表格、太在意细枝末节、效率低下、业务配合度低、影响业务发展，等等。

为什么会产生这样的刻板印象？我们要从人力资源管理的历史说起。

人力资源管理的概念是从 20 世纪的西方引入，并被不断研究完善，最终形成了我国特有的人力资源管理理念。在 20 世纪七八十年代，很多企业

都会设置一个"人事部"，这个部门就是人力资源部的前身。在这个阶段，"人事部"充当的角色就是"与人有关的事情"的管理者，工作内容只包括发工资、发劳保、人事关系处理等基础内容。改革开放后，越来越多的企业逐渐正规化，企业中陆续成立了人力资源部。人力资源部已经成为企业管理中不可或缺的部门，但是职能却没有比原有的"人事部"精进太多。虽然现代企业将人力资源分为人力资源规划、招聘、培训、绩效、薪酬、员工关系六大模块，但是大多数企业的人事部做的基本也只是招聘和发放薪酬的工作。

随着经济发展速度逐步加快，企业的视野逐渐由内转向外，企业开始从关注人力资源到关注人才管理，也终于有企业发出了"人力资源部其实是战略部门"的呐喊。这声呐喊也终于将人力资源管理带入了人才管理的阶段，相关从业者也从关注事务性工作到关注员工发展，并完成了从后台支持角色到业务伙伴角色的转换。**进入数智化时代之后，人力资源部有了新的定位和名称"业务驱动型人力运营管理部"，完成了从人力资源职能工作到业务驱动型人才管理的转化。**

据此，我来回答前面提到过的五个问题：

（1）人力资源部是什么？

人力资源部是激发员工的潜能、调动员工的热情、让员工具备自驱力的部门。

（2）人力资源部的业务是什么？

人力资源部的业务是优化员工与组织之间的关系，并通过吸引、激励、任用等手段来完成人才育成及人才积累。

（3）人力资源部的客户是谁？

人力资源部的客户分为内外部两类：一类为内部客户，即企业内部所有的人员（包含企业的管理者团队）；另一类为外部客户，即企业外部为企业提供服务的供应商及上下游（包含人力资源和社会保障局、外包业务服务商、人才服务商等）。

（4）人力资源部的产品是什么？

人力资源部的产品是能够达成组织目标的具体工具和方法。除了传统意义上的六大模块外，还应该包含人才盘点、人才职业生涯规划、人才职位图谱应用、胜任力素质模型应用等专业产品服务。

（5）人力资源部的合作伙伴是谁？

人力资源部的合作伙伴也分为两类：一类为内部合作伙伴，即企业内的各业务部门、各管理团队及每个员工；另一类为外部合作伙伴，即企业需要合作、服务的伙伴，包含业务外包服务商、终端客户，等等。

由此可以看出，人力资源管理路径在探索的过程中也是有迭代和创新的。作为人力资源从业者，我们更多看到的是事务性工作的价值锐减，而非事务性工作内容模糊且令人迷茫。

基于现状，我们应该从三个方向进行调整。

1. 人力资源从业者跨过山海，寻找创新之路

在中国，人力资源管理是一个舶来品，通过西方管理学的传入我们最终拼凑嫁接为自己所理解的人力资源管理。它在发展的过程中也经历了种种的不适，包括在中国企业中常常提到的"谁做绩效考核谁倒霉""招聘永远招不到合适的人""培训就是浪费业务部门的时间"，等等。人力资源从业者也因此陷入了深深的忧虑和挣扎中，越来越多的人力资源从业者仿佛进入了"莫比乌斯环"①的无限循环中，除了做好日常事务性工作之外找不

---

① 莫比乌斯环：由德国数学家莫比乌斯（Mobius）等人于 1858 年发现的一种纸带圈，其特征是将一张纸条扭转 180° 后，再将它的两头粘接起来，具有魔术般神奇的性质。这样的纸带只有一个面（即单侧曲面），一只小虫可以爬遍整个曲面而不必跨过它的边缘。也就是说，曲面从两个减少到只有一个。——编者注

到突破之门。千篇一律的事务性工作并不能解决人力资源管理的脱节、人才发展战略的滞后和人才能力提升的困境。

随着经济的发展、市场结构性的调整、组织内外环境的变化，人力资源从业者需要做出改变，走出一条中国式人力资源管理的自主创新之路。这条路需要符合中国国情、中国企业现状以及中国员工的思想诉求，也要能够推进中国企业综合管理能力的提升。在笔者提供咨询服务的众多企业中，"走向'市场化'道路，面向'真竞争'环境"成为企业战略发展定位中提到最多的诉求。这同时也意味着，人力资源管理的创新之路也将要符合这样的企业需要。人力资源管理的创新也要走向"市场化""真竞争"，设置科学有效的人才流动机制，建立人才池并形成培养机制，让人才变成"活水"，做到干部、员工的能上能下，薪酬的能增能减，人才的能进能出。

2. 人力资源从业者跳出围城，完成价值驱动

戴维·尤里奇曾经在哈佛商学院的人才经济论坛上提出，人力资源部可以在战略制定和人才供应链方面有所作为。而人力资源部真正创造价值主要体现在三个方面：人才、文化和领导力。作为实现人力资源组织价值的路径，组织更应该关注这三个方面对组织发展与转型的影响，并将这三个方面的发展作为组织变革的必经之路（图1-1）。

（1）人才。关于人才，我们需要的是能够满足企业持续发展需要的人。这里面有两个关键词至关重要，第一个关键词是"持续发展"，企业是一个不断发展、变化的组织体，必然会经历企业发展生命周期中的不同阶段。企业无论是处在发展期、成长期、成熟期和衰退期中的哪个阶段，所需要的人以及每个人所需要具备的能力都是不同的。人才是可以适应不同阶段的发展状态，并且完成自我调整、自我补位、自我提升和自我转型的那群

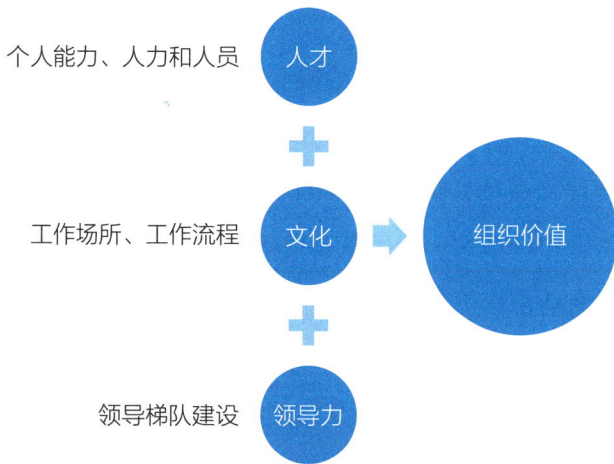

图 1-1　组织变革的必经之路

人；第二个关键词是"需要"，企业需要什么能力，人才就应该具备什么能力。人才是适应企业需求的，而不是拥有过于"高大上"的能力，却没办法与企业当下需要的能力相匹配。正如小米公司的创始人雷军曾经在小米成立 10 周年演讲中提到的那样，"平均每天花 80% 的时间找人"。由此可见，招到合适的人才是企业发展的核心要素。

（2）文化。关于文化，企业需要的是一种可以支撑自己长期可持续发展的信念与力量，而这源于企业文化。企业通过标准化的工作流程，形成了组织内部所有人标准化的动作规范以及标准化的思维模式。员工朝着一个组织目标前进，在这个过程中会不断通过工作场域、工作流程来纠偏，这就是企业文化最大的魅力。我们经常提到外企，比如宝洁、LG（乐喜金星）、三星等公司在中国对本土职场人的影响。我们能看到大量外企出来的员工身上都带着组织的"烙印"，原因就是这些外企在员工入职阶段就制订了针对其全生命周期的培养计划。组织中的每个人都经历过企业文化的精神洗礼，并将这种文化深入骨髓，如此才能在行为和决策上与组织期望不产生偏差。

（3）领导力。关于领导力，企业的发展离不开人，而人的发展离不开组织中每一层级的领导者。因此，在组织内部要做好领导梯队建设，并逐步形成"人才池"，在工作中筛选人，在困难中锻炼人，在机会中选择人。让领导力成为增加组织价值的关键点。

3. 人力资源从业者跨越江海，成就差异服务

企业的员工来自五湖四海，地域、文化、学历背景均不同，汇集于企业形成一个团队。这个团队注定会在思考问题、分析问题、解决问题的路径和方法上不同，那么对于团队来说，这是好事还是坏事呢？

不同的人会有不同的选择，更会带来不同的决策，如果是这样，那么组织好像永远都没办法形成统一的意见和决定。于是有人提出，如果我们都找一样的人来呢？那么可能会形成群体思维，大家在思考过程中容易陷入"只缘身在此山中"的困惑。因此，什么是更好的选择呢？答案是：在组织中，不同的人具有相同的方向和目标。

相同的方向是什么？是企业的愿景、使命、核心价值观。在这些原则问题上企业员工要达到高度的统一。不同的可以是什么？可以是实现统一目标的路径和方法，这也是实现组织多元化的方式。

作为人力资源从业者，在目标统一的前提下，我们更应该聚焦在多元化背景下如何提供更好的差异化服务。我们要承认员工的不同，也要认可多元化带来的更好的创新与贡献。作为企业员工"可以信任的活动家"，人力资源从业者要创造价值、赢得信任，更要建立能够影响他人的"能量圈"，提高自我认知，提供差异化的服务，帮助组织更好地实现多元化背景下的统一目标。

第二节

新时代人力资源从业者的三大新标准

▲

国外关于人力资源管理各大流派的理论从 20 世纪 80 年代开始引入中国，在近 40 年的发展过程中显现了百花齐放、百家争鸣的盛景，但也逐渐让"水土不服"的问题浮出水面。无论是"三支柱模型"还是"四角色模型"都在中国企业应用的过程中出现了问题，究其根本，就是没有找到适合中国企业发展的具有"中国特色"的人力资源管理模式。

要担负起人力资源管理转型的使命，就要建立新时代人力资源的新标准。在适应角色转变、完成使命的过程中，人力资源从业者更要重塑自己的使命、构建新的标准、达成新的目标，只有这样，才能够适应时代的变化和科技的进步，从而促进每个员工自我价值的觉醒。人力资源从业者需要给自己设置一个更加清晰的定位：**从事人力资源管理是为了卓有成效地为员工服务**（图 1-2）。

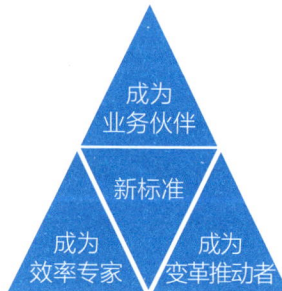

图 1-2　人力资源从业者的新定位

一、标准一：成为业务伙伴

现在，我们越来越关注人力资源管理的战略作用。人力资源管理的转型不仅需要人力资源从业者进行转型，还需要让一线管理者、中层管理者、企业家都成为人力资源管理的拥趸者。

将人力资源部定位为业务部门，是人力资源管理发展的重大突破。1997 年，戴维·尤里奇在发表了著作《人力资源转型：为组织创造价值和达成成果》（*Human Resources Champions*）之后，一直在着力解决人力资源管理从业者如何成为业务伙伴的问题。在尤里奇教授提出的"三支柱模型"中，业务伙伴（human resource business partner，HRBP）就是其中一个非常重要的支柱。相对于其他两个支柱——专家中心（center of expertise，COE）和共享服务中心（shared service center，SSC），业务伙伴更加关注业务及部门协作沟通层面。

过去，三支柱模型曾在众多卓越的外国企业中进行应用，比如国际商业机器公司（IBM）作为三支柱模型的先行者，将无数的人力资源从业者下沉到业务单元，并完成了与业务部门的链接，架起了业务与人力资源之间的桥梁。现在，中国的企业也在试水三支柱模型，并逐步意识到具有"中国特色"的三支柱模型才是未来的发展必由之路。为了提升人力资源业务伙伴的关键角色价值，人力资源从业者必须懂业务、懂经营，提升专业水平和管理能力。

那么，组织在整体战略定位上就应该首先把人力资源定位为战略性业务部门，而不是下放到业务单元当"钦差大臣"。我们以华为公司为案例。2005 年，华为公司海外市场的销售额首次超过国内，随着华为公司国际化进程的不断深入，它也遇到了诸多的管理问题和日常运营问题。支撑企业全球发展的要素已经与华为作为一家中国本土公司时完全不同，人力资源、财务管理层和员工的能力已经逐渐无法为业务提升提供支持，财务部门与人力部门需要从传统的流程化操作向战略性工作层面转移。

人力方面，2006 年，华为公司首先在其研发体系中建立了 HRBP 运作模式，将 HRBP 人员设到一线，了解业务需求，提供有针对性的解决方案，从而更好地支撑业务的发展。为了加强对业务的支撑，2008 年华为公司通过决议，将在各产品线团队中（团队人数在 200 人左右）设置专职人力资源管理代表（BUHR），他们负责根据业务需求来提供客户化的人力资源解决方案并加以实施，推动绩效管理，提升干部的人员管理能力。2009 年 2 月，BUHR 改名为 HRBP，并在研发体系中全面推行，2009 年年底在全球范围内推行。华为公司从 2006 年开始探索 HRBP 模式，到 2011 年 SSC[1] 正式上线，2012 年逐步完善 COE[2]，把区域 HR 延伸为 COE，至此，三支柱基本成形。

财务方面，从 2007 年开始，随着美国等发达资本市场对内部控制的法定要求，华为公司启动了内部控制建设项目和整合财务系统（IFS）的变革。集团内部控制项目小组与业务部门进行了充分的梳理和沟通，将内部控制的价值明确为"不仅仅要体现在合规和数字真实上，还要进一步体现在经营结果的改善上"。在外部顾问公司的帮助下，华为公司开始搭建财务作业系统，通过流程梳理融合业务和财务，建立起业务和财务之间的对话及融合机制并统一语言，对数据进行规范和统一，明确每个流程节点上归口责任人员的内部控制责任，如哪些动作需要记录并留痕，哪些信息需要及时传递给财务并在财务报告中体现出来，从而让业务流、数据流沿着既定的流程向下推进。经此次调整，华为公司解决了"水源清洁"的问题，并让业务与财务实现了真正的深度融合。

作为业务伙伴，人力资源从业者需要具备 3 个特点。

1. 优质的服务意识

现代企业对人力资源部的定位应该是：建立业务伙伴的战略定位，提

---

① SSC：共享服务中心，全称为 Share Service Center。——编者注
② COE：人力资源领域专家，全称为 Center of Expertise。——编者注

供具备高价值的服务，让企业的业务部门获得最大的支持效果。要实现这个定位，人力资源从业者需要转变思维，从原来的事务性工作中"跳"出来，投身到业务中，从后端的职能角色一跃成为前端的业务角色，与真正的业务形成"并联"。在"并联"的过程中，拥有服务意识是所有行为产生的前提。

案例　服务王者——海尔

在服务意识方面，海尔公司（后简称"海尔"）一直都是行业内的翘楚。一方面，海尔所实行的人单合一和自主经营体模式，将组织从掌控主体转型为自主经营体。随着市场变化、智能制造等大趋势变化，海尔能够颠覆自己，"革自己的命"，并成功屹立于世界优秀企业之列。而在这个变革过程中，人力资源从业者作为变革的助力者更是一马当先。在顾客价值为王的海尔公司，优质的服务意识不仅存在于企业的前端销售人员脑中，更根植于人力资源从业者的心中。在海尔人力资源部的所有员工都需要融入一线经营体，和一线经营体的员工一起工作，因为"人单合一"中人力资源部的业绩考核是由经营体决定的，没有提供优质的服务，没有给予有力的支持，就不能拿到订单，也就没有工资了。

2.对自身产品的熟悉度高

人力资源从业者不懂业务很可怕，但是更可怕的是，人力资源从业者连产品都不知道。一个了解自己企业产品的员工才是好员工。作为人力资源从业者，了解产品是真正了解业务的第一步，也是可以为业务部门提供支持和保障的核心能力。因此，我们看到很多公司的人力资源管理者都尝试从业务部门、一线部门调用人员来充实人力资源部。

案例　阿里巴巴 CPO：懂行就不怕

就像曾任阿里巴巴集团首席人才官（CPO）的彭蕾，作为阿里的元老级员工，她从行政部门干起，后带领着市场、客服、人力资源多个部门，完成了阿里体系的组织文化建设。她临危受命，成为支付宝公司 CEO 时，支付宝业绩已多年不尽如人意。彭蕾作为一名从人力资源领域跨界到科技金融领域的女性，也曾说"自己第一次进入所谓男性占据主导地位的世界"，她坚守着"支付神器"的目标，带着团队完成了"十面围城"的突破，这个过程离不开彭蕾永远站在"服务用户"的出发点。支付宝支付平台当时被用户抱怨"体验感差"，彭蕾就带队做每个功能模块的体验重构。秉承着人力资源从业者骨子里的"以人为本"态度，支付宝公司把服务渗透到了老百姓生活的方方面面。因此，今天我们看到支付宝公司在城市服务领域的突破以及很高的市场占有率，离不开彭蕾作为领航人对产品的熟悉程度、理解程度和定位能力。

3. 了解企业的核心业务

"懂业务"已经变成这个时代对人力资源从业者的基础要求，因此才会提出"业务是人力资源工作的起点"的理论。人力资源管理的出发点应该是业务和业务挑战，真正有价值的人力资源活动应该是可以直截了当地解决业务问题的。在观念上，我们必须正视一个现象，即大多数人力资源从业者都认为人力资源管理是企业固本强基的部分，而非价值创造和变革创新的部分，这就意味着人力资源部门能否与战略链接、解决业务问题转变成了组织是否愿意给人力资源部门更高价值站位的问题。人力资源部门不能再是只干"人事"但是不懂"人事"的部门了，一定要与业务部门站在一起，共同携手走过战略践行之路，彼此支撑完成业务的价值再创造。

腾讯公司作为将"三支柱模型"运用得炉火纯青的中国企业，在本土化进程中已经通过多种方式完成了转型。腾讯公司在建立 HRBP 团队的时候实现了人力资源从业者传统思维的突破，将业务部门当作自己的客户，从服务的角度向业务部门提出建议、推动组织变革。HRBP 团队从原来的管理者转变为服务者，并扩展了自己的影响力，逐渐形成一切用解决问题说话，一切为达成目标做贡献的思想理念。在这个过程中，"懂业务"成为前提条件，同时作为业务伙伴的人力资源从业者，也应该具备更多能力。

二、标准二：成为效率专家

在企业发展的进程中，企业管理者也越来越意识到"所谓管理，唯在用人"。人才是企业发展的根基，更是组织活力的源泉。人力资源管理更像是企业发展的基石，企业战略目标达成与人力资源战略目标达成之间是一个自下而上又自上而下的相辅相成的过程，企业所有的变革都需要人力资源部门作为主力军进行推动，在推动过程中不仅要效果，也要效率。在这个"VUCA"[①] 时代，面对一切的不确定性，就如武功的最高境界"天下武功，唯快不破"一样，人力资源从业者应该变成组织发展过程中不可缺少的"加速器"，当然更要成为一名合格的效率专家。

想提高效率不难，在现在这个充满数字化、信息化、智能化的时代，只要愿意应用科技手段，效率的提升基本上能够实现。但是难点在于，如何让人力资源从业者成为"专家"。

---

① VUCA：是 Volatility（易变性）、Uncertainty（不确定性）、Complexity（复杂性）以及 Ambiguity（模糊性）这四个英文单词的首字母缩写。——编者注

作为专家应该具备这些特点：爱研究、探索的特质，对数字有敏感度，综合领域的专业性等。通常，人力资源从业者都会认为作为人力资源专家面临的挑战是绩效改善、薪酬合理化、人才盘点有效性以及培训项目创新规划。而笔者认为，真正的人力资源从业者**不应该只有内部视角，总是在解决和完善与人才发展、薪酬、绩效、培训相关的事项，更应该具备外部视角，将人力资源管理与组织环境、外部商业环境等关联起来**。我们应该构建专家的支持维度，支撑企业转型与人力资源转型的并轨模式。

1. 快——行动速度快

快速适应市场变化，赢得新的市场是一家企业从弱变强的必经之路。"快"意味着组织要快速识别新的市场、快速开发新的产品和快速完成服务体系建设，让员工能够了解新的业务流程和新的变革方向。而作为企业管理者和人力资源从业者，可以通过快速决策、快速变革、快速消除制约因素等方式来完成改革。

> ### 案例　以快制胜的新东方
>
> "东方甄选"作为新东方公司在（后简称"新东方"）"双减"政策之后的快速转型成果获得了众多人的追捧。我们来回顾一下，在"双减"政策之下处境艰难的新东方做了什么，新东方的人力资源管理团队又做了什么？
>
> 新东方首先做的是适应环境，进行必要的改革，根据政策要求进行减员和必要的传统业务暂停。同时，我们看到除了直播助农之外，新东方还增加了托育托管、科技培训、家庭教育等经营范围。众所周知的"东方甄选"只是在新东方转型的众多跑道上用最快速度跑出来的一个

业务品类。而行动速度快的表现不仅是"东方甄选"成立于"双减"之时，还有"东方甄选"成名之时快速布局项目品类和刷爆朋友圈的"欢迎回家"的招聘通知。

新东方的人力资源管理理念与新东方创始人俞敏洪倡导的一致，即"尊重人才、公正考评、奖罚分明"，通过打造卓越的团队拥抱变化、努力进取、坚持创新。因此，他们在"双减"裁员5万人后，将桌椅捐赠给乡村学校。同时，人力资源管理团队将适合变革后业务的人员留下，快速建立培养机制，并完成了业务的积淀。过去，新东方一直也是以优秀的培养机制著称，在经历复杂而艰难的变革过程后，其对于人才的渴望与重视一点都没有改变。我们看到新东方的"召回令"，让已经离开新东方的老师感受到无比的温暖，更让我们意识到了企业在快速变革的过程中，即使走得艰难，但是也不能忘记初心，当企业能够重新站起来的时候，一定会让员工回家。

2. 准——行动策略准

常言道"速度第一，完美第二"。很多人都认为只需要快点做决策，干就行了，却从没有从决策的效果层面进行评估，从而导致"南辕北辙"的情况出现。效率和效能本身就是两个不同的概念，企业在快速变化的环境中需要提高效率，快速地做事情，但是忽视效能也是万万不可的。效能更能让我们知道，只有做正确的事，在对的方向上策马扬鞭，才能到达终点。

案例　小米公司的生态型组织

小米公司在2019年首次进入世界500强榜单，当年在财富世界榜上排名第 468 位，成为世界上最年轻的世界 500 强公司。到了 2022 年，小米公司已经晋升至第 266 位。近几年，很多人都在关注小米"平台型 + 生态型"的组织模式的打造。在发展的十多年中，小米公司形成了其独特的生态圈，这意味着小米公司已经从一家手机制造商转型成了智能生态组织，并逐步建立组织的生态链接，让客户与员工都能够在组织平台上享受生态便利。

让我们把时间节点退回到 2016 年，在小米公司经历了连续 5 年的快速增长期之后，小米公司的销量开始出现下滑。此时，小米公司当初的发展优势变成了它的短板，低价策略在初期为小米公司赢得了市场份额，但同时利润空间的降低也导致了现金流的紧张。其创造的"友商"模式也快速被模仿与复制，并随着同质化竞争的出现失去了优势。此外，其外部市场前有苹果、三星、华为的领跑，后有维沃（vivo）、欧珀（OPPO）等年轻品牌的围追堵截，小米公司的日子并不好过。2017 年，雷军开始探索新的战略方向，其中一个非常重大的决策就是 2019 年让"红米"独立，并主攻中低端市场。同时，在高端市场发力，实现小米公司的高端化，"小米 10"型号的问世标志着小米公司正式进入高端市场，也完成了三年的战略转型。

在这个过程中，我们看到小米公司的人力资源管理团队，包括雷军本人都在人才管理和团队发展层面贡献了卓越的智慧。在战略变化的过程中，小米公司的人力资源团队将战略重点放在寻找更加合适的人才上面，制定了高能力、高自驱力、高责任心和价值观一致的四条人才筛选准则。虽然市场万般变幻，但是适合的人总能最快地适应新的市场和新的模式，最大限度地降低了人员使用的成本。在这个过程中，所有的小米公司人力资源团队成员都变成了效率专家，不断求新求变，适应变化，提供人才支持，最终大家共同达成了小米公司战略转型的目标。

3. 稳——行动过程稳

做企业的过程中，很多管理者最怕的就是跌宕起伏的变革过程，他们更希望能够拥有"看庭前花开花落，望天上云卷云舒"的心境。能够在变革时期稳中求胜，看似是一种运气，其实更是一种修为。"稳"的过程是需要将很多资源整合到一起才能达到的。人力资源管理者在这个环节中充当着非常重要的角色，既是稳步向前的"润滑剂"，更是纠偏者。

案例　京东的新"三支柱模型"

京东集团（后简称"京东"）在业务不断创新发展的进程中也经历了多次的组织变革，随之要求人力资源管理者在这个过程中重新定位自身的角色。这一方面是为了适应京东的业务发展，另一方面也是人力资源必然要经历的变革过程。我们依然把视角拉回到2019年这个特殊的年份。这一年，京东正在经历大变局，上半年毛利率为14.9%，创历史新高，履约率与市场费用率分别降至6.1%和3.5%的历史低点，2019年第二季度归母净利率达到0.4%，这些数据都显示京东已经完成了革命性的转型，从原来的规模效应转为高质量发展，并获得了战略性胜利。

这个阶段京东的组织变革也在同步进行中，形成了具有京东特色的组织模式，企业业务平台和各业务单元之间形成了紧密的网状结构，人力资源的管理模式就从原来的"管人"到现在的"管任务"，保证组织中人与事的相得益彰。京东创造性地构建了竹林生态型组织，形成了内外上下共同赋能的生态模型。从供应链、客户、合作伙伴的角度建立起了多维的服务关系，赋能生态中的每个环节和每个产品。人力资源的战略重点也转移到了文化、组织发展和人员上，在变革过程中，企业文化是稳定的"外衣"，也是基础的保障。而我们熟知的京东"十四条铁律"用人原则，也是京东企业文化的"保护伞"。正如京东 CEO 刘强东所说："在京东公司，用人价值观第一，能力第二。如果一个人价值观不匹配的话，我们从来不用。能力放在第二位考核。"我们也看到，京东的人力资源管理团队正是承袭着这样的企业文化，逐步在京东组织变革的跌宕起伏中稳住人、稳住团队、稳住文化。

三、标准三：成为变革推动者

按照戴维·尤里奇的观点，人力资源管理者和部门都应当参与到企业战略的制定过程中，并且在制定过程中要保证人力资源战略能够有效地实施，这就要求人力资源部门以企业战略为工作导向。如果人力资源部的目标与企业的战略目标吻合，那么人力资源部就变成了战略发展与组织变革的"推动器"。此外，每个人力资源从业者都应该从思维方式上进行转变，成为企业的变革推动者。人力资源从业者要参与到变革的过程中，通过人力资源管理工具和方法来协助业务团队提升工作效能，快速实现组织的变革计划。

变革涉及组织多方面的革新、流程的再造、管理人员的选拔任用等，这个过程需要公司决策者与人力资源管理者相互支持，适时根据公司战略发展走向与组织内部发展变化去调整各项举措。人力资源从业者在变革中发挥着至关重要的作用，包括：激发员工的工作热情和责任心，引导员工理解变革方向并执行，洞察组织中的需求与风险，保持高效、真诚的沟通模式，等等。

在这个过程中，普通公司和优秀公司的区别在于：人力资源部门推动活动开展和辅助支持，业务部门负责人指导实践或者推动实践。而作为人力资源从业者，更应该把人力资源部的工作当成事业，而不仅是一份工作。当人力资源从业者发生了角色变化和思维变化，就可以逐步形成行为的变化，成为企业发展过程中不可或缺的重要因素。

1. 变革的催化剂

在泰茜·白翰姆（Tacy M. Byham）和睿奇·威林思（Richard S. Wellins）《领导力的精进》一书中提到了一种新型领导者形象——"催化剂型领导"。就像引起化学反应的某种成分一样，催化剂型领导者能够激发人们积极主动地去行动，助推低效过程发生正向改变，从而影响团队发生质的变化。而成为这样的领导者所必备的技能与人力资源从业者所做的事情不谋而合，也都是选人、育人、用人、留人。由此可见，人力资源从业者的角色也应该是企业组织变革的支持者、教练和顾问。

成功的团队拥有把机器开动起来的能力。人力资源从业者作为组织变革的催化剂，应该具备相应的素质要素，在处理事务的过程中学会尊重不同意见和思想，拥有同理心去看待出现的问题和异议，积极参与所有的业务活动并给予最大的支持，这些都将成为"催化剂"最重要的化学元素。作为人力资源从业者，在组织变革的过程中我们需要不断提升自己的适应能力，也要激发自己的潜质。

案例　杰克·韦尔奇——通用电气公司的催化剂

20世纪80年代，通用电气公司迎来了变革者——杰克·韦尔奇

（Jack Welch），一位给通用电气公司带来创新发展的掌舵者。1988 年，杰克·韦尔奇和负责主持通用电气管理人才培训中心的吉姆·鲍曼（Jim Bauman）在参观完位于肯塔基州路易斯维尔的家电园区后搭机返程。韦尔奇很关心大型家电部门产品质量下滑与生产力低下的问题，于是便找了第一线的工作人员来开会，询问他们要怎么做才能改善绩效。大家的反馈竟然都是"不知道要如何干，想法不知道跟谁说，说了不知道什么时候会有反馈"等。这样的情况在企业中蔓延会导致组织的停滞不前，虽然在当下不会对通用电气产生致命性影响，但是也会让通用电气元气耗尽。这时候韦尔奇提出了一个大胆的调整方案——"群策群力"代表会议，会议模型就是通过标准化的会议流程设计，激发参会人员的创新思路，通过头脑风暴等方式完成创新思路的实施，并在会议后根据行动方案进行考核、跟进和监督。

在这个过程中，韦尔奇和他带领的通用电气的高管团队和人力资源核心团队都成了"催化师"，召开了一个个"群策群力"会议，并跟进所有会议的行动方案和成果反馈。每个管理者都成为组织的"催化剂"，而人力资源部更是成为组织战略落地执行的关键部门和角色。吉姆·鲍曼在"催化"的过程中作为组织发展与人才发展专家，参与了通用电气早期的众多"群策群力"会议，发现问题、解决问题并建立新的管理文化，用参与和授权的文化代替命令和控制。在这个过程中，"催化剂"起到了正向的促进作用，也成了变革成功的关键化学元素。

2. 变革的"加速器"

约翰·科特（John P. Kotter）在《变革加速器：构建灵活的战略以适应

快速变化的世界》一书中告诉我们，应该如何利用今天瞬间开启和关闭的机会之窗，敏捷而创造性地应对战略性的挑战，其解决方案不是抛弃原来的系统，而是建立一个新的系统，形成一个双元系统。这个新的系统需要具备战略敏捷能力，让企业可以快捷而安全地识别机会并利用机会，同时减少内部威胁和外部风险。这就像自行车的车轮一样，两个车轮都必须同步向前转才能掌握好平衡度，更稳定地驶向终点。

人力资源从业者也要掌握敏捷的能力，既要坚守规则和底线，又要推动组织适应变化，敏捷反应。只有敢于迭代更新自己的人力资源从业者，才是未来高度敏捷的先行者。人力资源从业者在这场变革中充当着"加速器"的作用，不再只是职能的履行者，而要变成组织战略变革实行的推动者，并在推行的过程中发现阻力点，成功规避或者解决后加快组织战略的执行。

案例　人力资源大客户经理——美的公司的"加速器"

美的公司作为中国小家电行业的龙头企业，拥有五十多年的发展史，经历了从无到有，从小到大，从弱到强的变革历程，也经历了多次的组织变革。在这段辉煌的历史中有个非常重要的时间节点，那就是2010年。这一年美的公司总营收达到1103亿元，正式进入"千亿俱乐部"。同时，我们也看到了在家电领域，美的公司的产品遍布各大品类，无论大、中、小型家电领域都能看到美的公司的产品，但是随之而来的问题也出现了。美的公司在实现了千亿规模之后出现了大而不强，利润下滑，组织膨胀等情况，大企业病层出不穷。2012年，方洪波正式接管美的公司，开始了美的公司历史上最为艰难的转型，从规模导向转向利润导向，建立了"一个美的、一个体系、一个标准"的变革基调。

这场变革的重要举措就是取消了二级产业集团，缩减了集团总部职能部门的数量，明确以产品和客户为中心的组织方式。人力资源部门在这场变革中也发挥了非常重要的作用。家电市场的竞争在当年已经进入白热化的阶段，慢一步就将错失生存的机会，对于美的公司来说，减员增效的重任就落在了人力资源部门身上。美的公司的人力资源部门做了大量的工作，在组织精简、职位梳理、人员优化等方面都有人力资源部门加速推动的身影。作为变革的"加速器"，美的公司人力资源部门将绩效考核指标中的人效指标作为重点，同时将业务部门与人效指标进行深度关联，推动业务部门的人效提升。

3. 变革的教练员

在彼得·圣吉（Peter Senge）的《第五项修炼：变革篇》中提到了组织变革的深层起源。所有的生命系统最初都是很渺小的，都是从最不起眼的种子长成的。一个新的组织文化的成长也是如此。一旦我们不再相信"英雄式的首席执行官才能发起变革"的神话，我们就明白了所有伟大的失误都有一个渺小的开端——于是自然就会用"先导小组"的模式去思考问题。"先导小组"的角色定位可以很小，但是每个小组成员都应该能够成为组织的教练。英语中的"coach"（教练）一词是由匈牙利语"kocs"（制造马车的一个小村庄）演化而来。19 世纪，大学生在俚语中用这个村庄的名字来称呼"tutor"（导师）。在那个年代，老师关注每个学生的学习状态和进步情况，就像一辆马车一样拉着学生不断进步。今天，教练的作用也体现在这样的深层含义中，教练有责任帮助伙伴获得成长和进步。

而作为人力资源从业者，我们的一个很重要的角色就是教练员。这也是"教练技术"在众多企业中风靡的原因，从原来教练只是一个个体，他对有成长需求的另一些个体负责，到现在团队教练、领导教练等模式的出现，教练已经变成了一种管理方式和领导模式。越来越多的企业将教练融入一线管理中，让这样的管理模式能真正地帮助一线员工，成为员工能力和工作效率提升的手段。

案例　氧气计划——谷歌公司的教练型管理者

谷歌（Google）公司（后简称"谷歌"）作为世界顶级的科技公司，自成立以来在管理中不断调整方向，以适应它以技术人员为主的人员结构和企业文化。在这个过程中，谷歌的创始人拉里·佩奇（Larry Page）和谢尔盖·布林（Sergey Brin）也在思考如何让组织高效地运转，并且发挥所有领导者的能动性。2009 年，谷歌开始推行"氧气计划"，用数据算法规划出领导者的运作法则，并归纳总结出八项关键行为，其中最重要的第一条就是"成为一名好教练"。这说明，作为管理者要做到既能管人也能管事，但是卓越管理者的工作重点在于更好地管人。这时候，教练的角色就凸显出来，在当教练的过程中，管理者可以通过沟通、倾听、有同理心、辅导、激励等方式来激发员工的能动性。

人力资源从业者更应该成为教练队伍中一马当先的先驱者。因为我们本身就具备成为教练的素质背景和工作模式，人力资源最重要的工作内容就是和人打交道，所有与人相关的事项都应该与人力资源的管理相关联。如果人力资源从业者可以成为一名好的教练，能够学会通过教练式的对话与员工进行沟通，并在沟通过程中运用深度聆听、欣赏式提问和有效反馈的方式来建立价值感，那么在变革的推动过程中，人力资源从业者就做到了不可或缺，也创造了人力资源应该有的组织价值。

第三节

业务导向的思维模式建立

▲

人力资源部门最被业务部门诟病的就是人力资源从业者不懂业务。近年来，众多的人力资源管理专家也在为该领域创造新的名词：战略型人力资源管理、组织发展专家、业务合作伙伴，等等。享有"当代彼得·德鲁克"之称的管理大师拉姆·查兰（Ram Charam）发表的一篇名为《分拆人力资源部！》的文章，掀起了拆分人力资源部门的争论，同时也对人力资源的价值创造作用提出了越来越多的质疑。在拉姆·查兰的观点中，优秀的人力资源从业者应该是很好的董事会成员或者合伙人，并且他们会凭借自己的人力资源专业技能和敏锐洞察力，将员工的诉求与企业的业务进行关联，从而发现企业的竞争发展优势和战略方向，令员工可以做到人岗匹配、能岗匹配、人尽其才。

但是实际上，人力资源从业者更关注自己所在领域的专业能力提升，会充分利用各种绩效考核和薪酬调节机制手段来完成组织目标。这个过程就像一台完美、高效的机器，却很难生产出符合客户需要的物美价廉的产品。于是，业务部门就开始抨击是因为机器的设置问题、匹配度问题、零件问题等，这时候我们才发现，在机器运行之前，我们并没有根据产品需要而设置特定的程序，购买符合标准的零件，进行前期模拟测试等。人力资源从业者这时应该意识到，我们要跳出人力资源专业壁垒，站在业务的角度看问题。人力资源从业者可以在战略锚定、组织能力、人才发展、领导力等层面为决策层提供专业建议，这就是我们最大的价值贡献。因此，站在业务的一端，面向客户的需求，用人力资源的专业性来实现组织价值创造，才是人力资源从业者的最优路径。

一、到底是谁的人力资源从业者：业务导向思维的概念

在为众多企业进行人力资源体系优化咨询的过程中，笔者会在项目初期对公司全体管理干部进行调研访谈工作。给笔者留下印象最深的就是很多管理者都在问"人力资源到底是谁的人力资源"，这也引发了所有人力资源从业者的思考。人力资源到底为谁服务，是站在战略的制高点去推动组织的变革，还是站在人力资源管理的一亩三分地耕好自己的田？其实，跳出人力资源管理的维度去看整个组织的发展，我们会发现无论组织中的哪个部门，无论你认为自己承担了多么重要的责任和关键作用，如果没有客户提供业务层面的支持让组织生存下去，那么一切都是空谈。

因此，人力资源从业者应该有一个统一的认知——我们是客户的人力资源从业者，是具备业务导向思维的人力资源从业者。

业务导向思维，顾名思义是一种思维方式，而思维方式体现了你面对问题时候的第一反应，例如，你的思考模式和行为模式。那么，业务导向是一种什么样的导向呢？**业务导向其实就是基于组织整体运营的管理系统与业务产生联系，通过业务价值链各环节的有效连接，完成对战略落地和组织发展的支撑，并实现业务流程与管理流程的有效融合、统一。**

二、回归管理的常识：业务导向思维的价值点

面对日益复杂的外部环境，很多的组织都被迫进行改革，这个过程中大多数企业都是把事情越做越复杂。这也是我们经常在企业中听到的一些声音。比如"绩效考核"，很多人力资源从业者都说绩效考核是一道"送命题"，因为谁干谁倒霉，最后都无疾而终。我们看到，很多企业的绩效考核体系都设计得无比复杂，一个指标从设定到考核应用，过程中会涉及大量

的人员、时间、精力上的消耗，让管理手段直接变成管理负担。今天，我们不断倡导大家回归本源，回归管理的常识——大道至简。科学的管理其实是把复杂的事情简单化，简单的事情操作化，操作的事情流程化，流程的事情标准化。归根结底，管理其实是要具备化繁为简的能力。

想要具备化繁为简的能力，思维的转变是第一步。作为人力资源从业者，我们的思维方式转变首先要做到的就是以业务为导向。那么，业务导向思维到底具备什么样的价值特征呢？

价值点一：让业务插上"增长"的翅膀

业务导向思维的建立，首先帮助到的就是因为企业业务发展而带来的经营业绩快速增长。为什么业务导向的威力会如此大呢？

一方面，业务的发展是前端一线部门在商场上拼杀的结果，同时大后方的职能支持部门的高效配合也是不可或缺的。因此，我们更应该在组织中建立一种矩阵思考模式，这并不是所有业务都属于单一链条的发展模式，也不像传统的全面质量管理 4M1E 五要素[①]那么简单。随着时代的进步，业务的发展已经从单一走向多元，从简单走向复杂，从闭环模式走向矩阵模式。矩阵模式的建立更关注前台、中台、后台各个部门的相互配合与协作，同时也把关注点从原来的职能管理、业务管理逐步转移到组织的协调发展。人力资源从业者应该从单一思考的职能管理向并发思考、多线程同步工作的模式进行转型。

另一方面，业务的增长并非只由单一因素决定，不会因为价格低或者产品好就可以实现业务的增长，而是由构成产品的各因素综合组成的。因

---

① 4M1E 指人员（Man）、机器（Machine）、物料（Material）、方法（Method）、环境（Environment）。——编者注

此，我们会发现，产品呈现给客户的因素包含多种组合方式，而不同因素之间也形成了"杠杆"的关系。这里面就有人力资源从业者自身的"杠杆"效应，人力资源从业者要在业务部门发现"支点"，这有可能基于业务部门的绩效、薪酬、激励、沟通等各种各样的问题。找到痛点就可以提供"支点"，就像阿里"政委"一样，我们要做业务部门的"军大衣""暖心姐姐"和"指明灯"。这样才能真正支持业务发展，撬动业务增长的支点，实现业务的发展目标。

价值点二：让客户跟随"周期"的迭代

业务导向思维的建立不仅可以解决终端业绩达成的问题，还可以解决客户与企业的黏度问题。作为人力资源从业者，我们通常会承担组织变革和战略落地的重要职责，这个时候，不光是要把变革的大旗举起在组织内部挥舞，更重要的是，客户会因为看到你的变革而愿意继续追随不断成长、进步的组织。

这就需要提到"企业生命周期"理论，它由美国极有影响力的管理学家——伊查克·爱迪思（Ichak Adizes）提出，爱迪斯准确、生动地概括了企业生命不同阶段的特征，并提出了相应的对策，指出了企业生命周期的基本规律，提示了企业生存过程中的基本发展与制约之间的关系。在这个理论中，我们会发现企业在不同的发展阶段存在不同的个性化问题，如果想从一个阶段顺利进入到下一个阶段，抑或是想在衰退期之前获得"第二曲线"的爆发力，那么企业需要不断地进行变革。

随着企业的发展变化，客户有可能会因为不适合或者不适应等问题而不再追随企业。这时候，我们也会发现还有一些企业在变化中获得了稳定的客户群体，在跟踪、调研、分析这些企业之后，我们得出了一个结论，那就是组织的创新性、开拓性变化更容易被客户接受。客户愿意接受企业的良性变化，企业也应当在发展中未雨绸缪，而人力资源从业者作为变革的执行者和战略的落地者肩负着重大责任，应该在变革中助力组织发展，而不是成为组织的绊脚石。

价值点三：让产品创造"价值"的链接

业务导向思维的应用场景已经更加多元地链接到了企业的方方面面，我们会看到众多卓越的企业在构建自己的独特竞争力时就是以"顾客主义"为宗旨的。顾客主义建立的最重要因素就是产品的价值，这里的价值一方面是指产品本身的特质和属性，另一方面是指产品能够创造的附加客户体验。顾客主义蔓延的趋势让每家企业都重回产品本身，思考如何创造更多新的价值点，人力资源从业者也需要回归管理的本质，思考能够在产品上创造什么价值点。

最有力的方法之一就是站在业务的角度去看待顾客的期待和产品的匹配度。作为人力资源从业者，我们需要站在"奉献"的思考角度，建立"共赢"的协作模式。我们此刻已经进入了"酒香也怕巷子深"的时代，在产品的差异程度越来越低的情况下，只有在附加价值创造层面上挖掘更多的潜力才能赢得市场。人力资源从业者充当的不再是后台支持的角色，而是站在客户角度去思考如何才能配备更快速反应、更有效应对、服务一流的团队，进而完成产品的附加价值的增加。

人力资源从业者能做的，就是帮助组织实现效率与效能的双向最大化，设计出核心的人才管理方式、有效授权的权限界面、成本低而有效的激励措施，等等。我们一定要坚信员工的绩效是由管理者决定的，而管理者的领导行为和动作是可以通过人力资源进行设计的。

想要让顾客最终购买产品，需要体现产品的优秀品质与附加价值；让人力资源最终产生价值，需要依靠其业务思维的觉醒速度与笃行程度；让管理最终产生绩效，需要在下属的成长速度与成长效果上下功夫。

　　每一个人力资源从业者都有责任带着管理团队回归管理的常识，用科学、有效的方法去构建领导能力，提供公平开放的企业文化平台，将业务导向思维深植于每个员工的内心。

三、迎接组织的挑战：建立业务导向思维的"钻石"模型

　　读到这里，相信人力资源从业者都已经意识到了思维方式的转变对行为改善的重要性。笔者在深入企业进行咨询调研的过程中，结合企业的实际情况提炼了建立业务导向思维的模型框架，它可以更好地帮助人力资源从业者构建系统思维（图 1-3）。

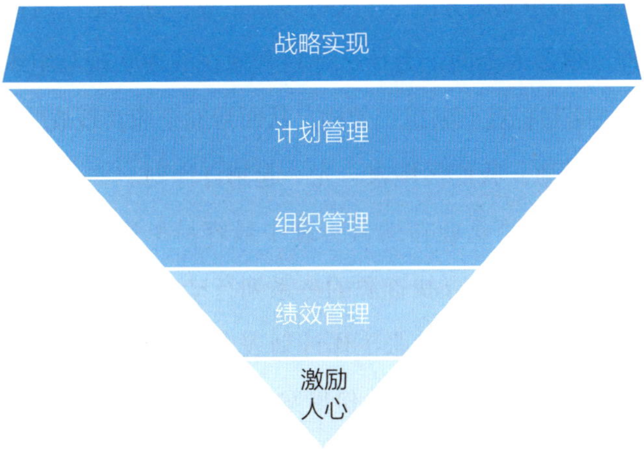

图 1-3　钻石模型

　　业务导向思维的建立与企业战略的实现有着密不可分的关系。作为企业，经营、发展才是硬道理，因此，每年企业都要针对自己未来 3~5 年的发展设定相应的目标，同时也要对下一个年度企业的短期目标进行设定。3~5 年的中长期目标关注的是未来企业要走到哪里去，而 1 年的短期目标关

注的则是当下企业要如何走。这就意味着企业的战略方向和执行措施将决定企业的每一位员工用什么样的方式来实现战略目标。站在企业经营、发展的角度，业务永远都是生死存亡的关键，而企业的每一位员工都应该具备业务导向思维。

"钻石模型"的顶端，也是钻石最亮眼的地方，那就是战略实现。如果不能实现战略目标，那么一切思考与转型都是空谈。所有思考都应以战略为导向，以业务为根基，以员工为支撑，这将会深深地影响当下的企业发展进程与速度。作为人力资源从业者，我们要做的就是推动战略的实现。很多人力资源从业者会提出"企业没有战略，我该怎么办"的困惑，其实人力资源从业者应该具备的能力是引导和推动管理者去建立企业战略，同时将人力资源部门作为企业战略的施行部门，从而有效助力战略的制定与达成。

"钻石模型"的中间部分由三个关键步骤组成，分别是计划管理、组织管理、绩效管理。很多人会问，为什么计划管理在战略实现与组织管理之间？不应该是有了战略目标就调整组织架构，从而帮助企业实现战略目标吗？

这时候不要着急，我们慢慢来。先一起制订计划。

计划管理一直都是企业在运营管理中最容易忽视的环节。所谓计划，就是为了实现企业目标而寻找资源的一系列行动。但实际在企业中，很多人认为计划就是年底设定的一张工作计划表，就是年初提交的重点任务清单，抑或是针对工作任务所做的一份提案而已。可是在很多卓越的企业中，我们会发现"计划管理"是一项非常重要的管理职能。虽然我们也会面临"计划赶不上变化"的情况，也会碰到"明天和意外不知道哪个先来"的困惑，但是卓越的企业并不是因为"运气"才获得成功的，而是因为对未来做了精心的计划和设计。当战略目标定下来之后，人力资源从业者需要先与管理团队坐下来协商，一起制订好战略实施的计划，再根据计划实现的步骤来调整不同阶段、不同资源配置、不同场域的组织架构。

组织管理逐渐成为管理者关注的焦点，这也是因为众多卓越的企业在不断地进行组织变革，以适应不断变化的市场环境和不断调整的组织目标。从众多的招聘网站上我们也会发现，越来越多的大型企业都在招聘 "OD" 这样的岗位，而且薪酬水平都是人力资源各岗位的天花板。OD 即组织发展（Organizational Development），理查德·贝克哈德（Richard Beckhard）的经典定义为："有计划的、全组织的、自上至下的，通过应用行为科学知识对组织的各个发展过程进行有计划的干预，从而提高组织的有效性和组织的健康程度。" 作为人力资源从业者，这是我们的专业方向，也是我们在企业发展中最重要的工作内容与工作亮点。

绩效管理是人力资源工作板块中最 "卷" 的模块，常言道 "在企业中做绩效，不死才是硬道理"。对此人力资源从业者也是深有体会的，在笔者众多的绩效咨询案例中，绩效一直被管理者所诟病：要么是绩效指标的设定不能反映业务问题，流于形式；要么是绩效工具多样化但是没有激励效果，流于形式；要么是绩效就是管理者的绩效而不是员工的绩效，只是为了有绩效而存在的，流于形式！当形式主义变成绩效管理的代名词，绩效管理就面临着必须彻底颠覆与改革的崎岖之路。绩效更应该遵循 "僵化 – 固化 – 优化" 的路径，通过寻找目标与行为的不一致性，确保绩效管理的有效执行。

"钻石模型" 的底端，可以确保钻石完美呈现，但同时也是最脆弱的部分——激励人心。在管理中，我们会说管理者通常是要既管人又管事，但是归根结底我们还是要懂得如何更好地管人。那么我们就要问一个问题，人为什么要工作？为生计、为理想、为价值、为成就……我们会有无数个答案，这就是人心散了难再聚的原因。因此，我们只有了解员工工作的原因，才能更好地激励员工。在激励的过程中，我们常提到建立 "定期体检" 的模式，因为员工在不同发展阶段的需求是不同的，二十多岁新入职的大学生结婚、生子后，你会发现二十多岁他想要的和三十岁有家庭后他想要的是完全不同的，一种激励方式不可能满足所有人的所有阶段。因此，开展"定期体检"，找到不同阶段、时期的员工需求，并有针对性地设定激励方式才能解决激励的可持续性问题。

小　结　　　　新时代的人力资源从业者面临着众多的挑战，面对 VUCA 时代下的不确定性，作为人力资源从业者更应该拥抱变化、拥抱创新、拥抱困难。在新时代人力资源的标准下，我们要改变思路并自我转型，让自己成为企业不可或缺的业务伙伴、效率专家和变革推动者。我们要构建以业务为导向的思维模式，这可以帮助我们在企业发展的浪潮中迎接挑战，行稳致远。

第二章

人力资源管理转型实操之组织设计

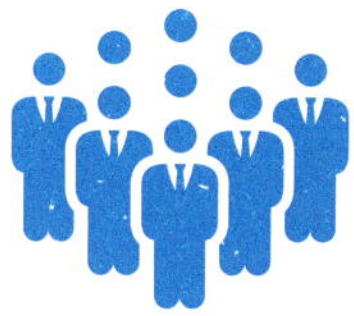

20世纪90年代，微软公司（Microsoft）在比尔·盖茨（Bill Gates）的战略推动下，完成了"让每一张桌子上都有一台电脑"的使命，也构建了以Windows操作系统为基础的商业帝国。而后，微软公司开始了波折的进阶之路，错失了在互联网领域的众多创新机会。面对苹果、脸谱网（Facebook）、亚马逊等竞争对手公司，以及公司内部长期存在的斗争，微软公司的未来令人担忧。微软公司在2014年经历了换帅、裁员、业务调整之后，新的首席执行官萨提亚·纳德拉（Satya Nadella）重新掌舵。萨提亚上任后做的第一件事就是"刷新"文化，将微软公司的竞争文化转变为合作共赢、开放包容的文化。同时，微软公司在萨提亚的领导下开展了一系列的变革工作，战略的调整带来了核心业务的转移。为了配合业务的变化微软公司匹配了更加灵活的组织结构和考核方式，重新激发了组织生命力。在萨提亚的带领下，微软公司成功转型，东山再起。

今天，在以数字化为生存背景的时代，大部分组织都意识到了组织变革与组织转型的重要性，同时也明确了要通过数字化来确认未来企业的战略选择和资本投入。每个组织都希望可以在这场数字化大浪潮中成功转型，在面对不确定性的未来时可以获得企业的立身之本。在动态的环境中，组织想要获得持续的发展和绩效，其基础在于组织的稳定性。从企业的生命发展周期上看，每个企业都是从个体走向整体、从发散走向聚焦、从混沌走向有序的。而在组织进化的过程中，实现组织的整体性和可持续性已经成为企业应对复杂外部环境变化的根本保障。

对于人力资源从业者，更要具备从战略出发、聚焦业务、引领组织变革的能力。组织设计不仅是要解决战略问题，更是要解决组织内部核心业务单元的战斗力问题。而我们站在未来的视角来看，正是因为激发了组织的活力，才影响了组织内的人们去创造更大的价值，才激发了个体的改变。帮助每个人释放自己的能量，方能创造出更加开放合作的组织。

第一节

业务导向的组织蓝图设计

▲

一、高效协同的组织战略锚定三环

微软公司现任首席执行官萨提亚·纳德拉撰写的《刷新：重新发现商业与未来》一书中提到，"每一个人、每一个组织乃至每一个社会，在到达某一个点时，都应点击刷新——重新注入活力、重新激发生命力、重新组织并重新思考自己存在的意义"。正如当下的经济环境和经营环境一样，企业要理解的不再是如何战胜竞争对手，而是如何找到分工与协作、竞争与共赢之间的平衡点。

我们首先回顾下组织管理的核心管理思想的迭代变化。切斯特·巴纳德（Chester Barnard）于 1948 年发表的著作《组织与管理》中提到了组织平衡论。他认为组织就是一个有意识地对人的活动或力量进行协调的体系。构成组织的三大核心要素是协作意愿、共同目的和信息交流。查尔斯·汉迪（Chares Handy）在《组织的概念》一书中提到，组织要做到统一社会责任与组织权益，兼顾个人价值与组织价值，协调社会公平与经济效率，只有这样才能获得长效的发展。管理学大师彼得·德鲁克在《管理的实践》中也多次提到"组织是社会的器官，管理是组织的器官"。

实际上，只有各类组织在运行中发挥出最大的组织功能，才能保证组织效率的最大化。而组织本身就具有不确定性和动态变化性，这就要求企业在设定组织战略的时候要充分考虑组织构成中的基本要素，并对影响组织发展的个体要素进行充分关注，如此才能更加高效地达成组织目标。

要想最终实现组织战略，首先要把企业的业务目标，组织目标和员工个人的目标、方向统一在一条线上。我们追求的是未来在组织中将业务流与人才流打通，这个打通的过程一定是环环相扣的，我们称为"组织战略锚定三环"（图 2-1）。

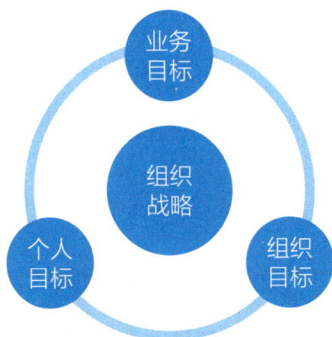

图 2-1　组织战略锚定三环

在实现组织战略的过程中，这三个关键环节是必不可少的。

1. 业务目标——组织战略实现的核心

我们首先要谈的是业务目标的统一与共识。业务目标的实现关乎企业的生死存亡，在业务发展良好的态势下企业发展才能有更多的可能性。业务目标的实现方法我们更推荐 IBM 公司的业务领先模型（BLM）。BLM 模型的本质是"业务领导推动和引导的，结构化和纪律性的，基于事实基础的对话和协作过程"，并且通过以下四个步骤讨论并确定组织的业务目标：第一步，开展企业内外部环境分析与市场洞察；第二步，根据环境与资源分析确定企业愿景与战略意图；第三步，研究企业实现战略目标需重点关注的业务组合及其创新焦点；第四步，对各项业务进行服务范围与经营思路设计。

华为公司（以下简称"华为"）作为 BLM 模型的受益者，在其运用和实施过程中切实践行了模型的独到之处。在华为 2022 年最新的战略中，"以用户为中心打造全场景无缝的智慧体验"就是其中最具吸引力的一项。这一战略充分展示了华为对"以客户为中心"的价值创造体系的坚守，继续围绕核心价值去创造与商业环境、合作伙伴的共生模式，明确自身的战略发展方向。华为在整个管理体系中，将所有的战略目标和价值主张都体现在绩效考核体系中，实现了组织战略从设定到执行的战略闭环，同时也完成了战略层面上业务目标的锁定与达成。

2. 组织目标——组织战略实现的基础

组织目标是达成企业战略目标的基础保障。在切斯特·巴纳德的理论中，只有组织目标的制定才能使环境中的其他事物具有意义，组织目标是使所有事物统一起来的原则。

组织目标具有巨大的魅力，它对上可以支撑起业务目标的达成，对下可以让团队成员团结一致，对外可以形成完善的运营体系来支撑客户价值。企业只有使组织目标高度一致，才能焕发真正的活力，并且释放组织的能量。

组织目标的实现需要新的管理方式和新的管理属性。组织目标的设定需要"看土壤、看种子、看肥料、看天气"。看土壤，其实就是看组织的经营性质。国有企业、民营企业和外资企业的组织土壤本身就不相同，有些土壤是可以实施大的变革和发展的，而有些土壤则更合适小步快跑的模式。看种子，其实是看组织中的个体素质。有的企业如奈飞公司（Netflix）高手如云，本身就属于强人、强能力体系；有的组织则处在快速发展期，人才都靠积累、靠选拔，总会有各种能力缺失的情况。那么，不同的"种子"就意味着采用不同的培育方式，最大限度地发挥"种子"的价值。看肥料，其实就是看组织能够给到的激励政策。很多国有企业都有薪酬总额的控制，想要市场化地激励员工也做不到。而有些企业在转型突破期可以采用强激励、强考核、强淘汰的模式，通过这样的方式来完成大浪淘沙的过程，留下一批想干事、能干事、会干事的团队成员。看天气，其实就是看组织在这个阶段所处的产业环境和市场竞争环境。进入"红海"和"蓝海"市场则注定在厮杀和生存上的难度系数不同，因此组织才要选赛道，选产品。

3. 个人目标——组织战略实现的动力

人与组织融为一体才是企业持久经营的"保护罩"。如何更好地激发组织中的人，是管理者面临的最大挑战。很多时候管理者面对无效管理的困境是由于没有将人的因素考虑到整个组织中，忽略了组织与人合二为一的巨大能量。组织目标的实现基于合作共赢和生态平衡，而合作是基于个体的生存与发展的需要。个人价值的创造已逐步成为组织战略目标实现的原动力，未来，基于价值创造的平台建设、基于个体发展和创新的文化建设，以及基于组织开放和平台共享的氛围建设，都将成为组织战略目标实现的核心命题。

个人目标的实现则需要关注个体价值贡献，遵循个体智慧共享的原则。个人目标的设定首先要做到"让个体在组织中变得有意义"。著名心理学家阿尔伯特·班杜拉（Albert Bandura）提出社会学习理论，他通过观察学习、自我效能、行为适应等要素来关注个体的发展和反馈。其中，"自我效能"用以指个体对自己在特定的情境中是否有能力得到满意结果的预期。通俗来讲，就是个体对自己能力的信心。而在组织中，我们应该把关注点放到个体"自我效能"的提升上，虽然这不是个体真实的能力，但是却可以体现个体完成任务的信心。每个个体都可以通过自己过往的工作经验、工作成就、看到的标杆以及认知觉醒来帮助自己提升效能。

同时，在组织中我们也通常会通过搭建岗位的胜任力素质模型来帮助员工实现个人目标。借助胜任力素质模型帮助个体看到自身差距和自身短板，借助培训或者自我能力提升来达成组织需要。在后面的章节中，我们将会就胜任力素质模型的搭建方式和应用场景做具体的阐述。

"组织战略锚定三环"需要的前提条件是高效协同，三环中的每一个环节都是缺一不可的。而三个目标的实现也需要高度的协同，不能业务目标定得过高，使员工个人目标不能与组织目标相匹配，最后导致企业整体战略的失衡。我们将模型定义为"环形"，这就意味着它是一个平滑且可以自主运转的体系。就像企业中业务、组织与个人的协同一样，如果任何一项有缺失都不可能流畅运转。因此，我们更要关注协同，在协同的基础上激发出企业的高效能量。

二、打造共生组织结构三步法

组织理论不仅从来都不把组织管理独立出来，而且还要将组织内部的能力与组织整体的竞争力关联起来，并在组织的设计中充分发挥人的重要作用。现代组织管理最重要的特点就是完成了分工与协作的融合，同时实现了组织内部横向与纵向的延伸，而组织结构设计的根本目的也是要提升组织的运转效率与效能。当代中国管理大师杨国安先生提出的"杨三角"理论模型，就是以员工为主体，从员工的思维、能力和治理三个方面来支持组织的发展。同时，该模型也提到了组织的持续成功离不开组织能力的提升。

组织的持续成功 ＝ 组织战略 × 组织能力

我们可以通过人力资源管理中的"选、育、用、留"来提升员工能力；我们可以通过企业文化、价值观塑造和绩效激励来改变员工思维；我们可以通过组织运作、高效沟通和流程支持来实现员工治理。由此可见，组织运作离不开组织结构的搭建，而通常情况下，我们的管理者在面对困难的时候依然会先考虑通过人来解决问题，认为只要大家多干一点、多努力一点，事情总是能扛过去的。当然，组织的问题需要人来做支撑，但是我们更应该意识到的一点是：组织结构效率的提升与单独个体效率的提升相比，对组织整体运营效率的提升有更重要的意义。

今天众多关于"组织"的概念层出不穷，从建流程到建层级，从建结构到建平台，五花八门的"新"概念叫嚷着"去组织化""消灭组织制度""互联网平台化"，让我们感受到了数智化时代的不确定性，更感受到了貌似变化、推陈出新才是应对不确定性的最好方式。这时候，我总会想到"大道至简"和"回溯本源"的基本逻辑，也许我们从初代学者身上才能找到面对不确定环境的答案。而对于组织管理来说，1938年由美国管理学家切斯特·巴纳德创作的《经理人员的职能》一书给出了答案。巴纳德在谈到组织的管理时提出，"为了使组织的动态过程能够持续，就必须进行有意识的协调，就必须发育出相应的管理功能。实现共同目的的可能性和存在愿意为这个共同目的做出贡献的人，是合作努力体系的两级。而使这些可能性成为动态过程的，是沟通与交流"。由此可见，组织的新命题依然是合作共生，协同发展，使命共达。

打造共生组织既是基于管理本源，又是着眼时代发展的。随着时代的发展，我们更需要关注适合这个时代的组织，以及已经适合了未来时代的组织模式，在发展中寻求最佳解决方案。共生组织能够让组织本身更具有弹性与韧性，同时也可以助力打造组织幸福感。我们将打造共生组织结构的方法称为"共生三步法"（图2-2）。

图2-2　共生三步法

1. 定需求——明确组织重心

我们从企业战略出发，逐步剖析到组织管理部分，其实很多管理者都已经意识到战略驱动业务的重要性，但是又容易忽略其中一个关键点，那就是：战略与业务之间是如何借力的呢？这就要引入一个概念——"价值链"，它由迈克尔·波特（Michael Porter）于 1985 年提出，他将一个企业的经营活动分解为若干战略性相关的价值活动，每一种价值活动都会对企业的相对成本地位产生影响，并成为企业采取差异化战略的基础。企业希望自己成为一台"永动机"，其初始能量将成为企业持续运转的关键点。而这就是企业的需求，它源于企业的价值链中。

在企业内部的价值链中，为顾客创造价值的主要活动及相关支持的活动包括生产经营、技术开发、市场销售、采购、人力资源，等等。在价值链中，我们要找到能够实现组织业务目标且帮助企业实现运转并逐渐扩张的关键要素。这就是企业的需求，也是组织的重心。企业犹如一艘在海上航行的轮船，除了根据灯塔来明确前进方向，还需要清楚自身能源的储备、螺旋桨的运行情况、海上风力的变化以及可能出现的冰山等危险。这些都是一艘轮船可以顺利到达终点的关键要素。

案例 海底捞——明确竞争优势，锁定组织重心

餐饮行业一直都是竞争白热化的行业，作为顾客我们在选择餐厅时关注的无外乎几个要素：就餐环境好、整洁，菜品好菜量大，物美价廉，服务周到，榜上有名，等等。其实我们会发现，很难有一家餐厅能把所有要素都涵盖在内，那么其中一个要素会因为过于突出而成为关键要素。对于组织来说，这个要素就是整个组织的重心。

海底捞公司（后简称"海底捞"）作为中国餐饮行业的一匹黑马，

靠卓越的服务走出了餐饮行业内非比寻常的路。它于1994年创办于四川，起初是一家小火锅店，经过二十余年的发展，它经历了几次重大的历史事件。2017年收入106亿元，年客流量达到1亿人次，员工超过5万人，ROE（净资产收益率）高达94.38%。2018年在港交所上市，成为被百姓"吃上市"的公司。很多人对海底捞的深刻印象源于"超出客户期待的服务"，但是海底捞获得成功真的只靠服务吗？在黄铁鹰老师的《海底捞你学不会》一书中，他是这样描述海底捞的卓越服务的。

1994年，在四川拖拉机厂当电焊工的张勇，在简阳县城支起了4张桌子，在父母的帮助下，利用业余时间卖起了麻辣烫，这就是海底捞的雏形。半年后他一算账，靠2毛钱一串的麻辣烫，张勇的小火锅净赚了1万多元。张勇每一次形式上的创新，比如让客人用小火锅自己煮麻辣烫和把火锅店开在二楼，马上就会引来一大批效仿者。只有品味、硬件和卫生方面的改进，不能让海底捞战胜对手。于是，张勇尝试用超出对手的服务，用超出一般人想象的服务感动客人、吸引客人。这招儿灵了，海底捞终于拉开了与对手的距离。提供给客人的达到"变态"程度的服务成了海底捞的名片，服务成了海底捞的定海神针。

难道这就是海底捞的核心竞争力吗？我想远远没有那么简单。海底捞对于极致服务的追求，背后是靠强大的组织能力作为支撑的。因为要满足"服务"这个组织需求，所以要建立一套组织管理机制来明确组织工作重心，进而达成组织目标。因此，海底捞在组织设计的时候秉承着"双手改变命运"的价值观，建立了公平公正的工作环境，并实施人性化和亲情化的管理模式，不断提升员工的价值感。我们看到，无论是考核机制、晋升机制还是师带徒的模式，都在海底捞发挥了最大的效果。

作为人力资源从业者，我们要做的第一步就是了解组织的工作重心在哪里，站在企业价值链的角度逐一分析每个关键要素，寻找业务发展的核心要素，并根据组织的需求去设计组织结构。

2. 定结构——创造集体价值

这是一个崇尚个体价值的时代，当"网络原住民""90后"和"Z一代""00后"进入职场，我们发现曾经喧嚣叫嚷的"激活个体"已经逐步转向了"激活组织"。原来我们是想让每一个人都具备超强的作战能力，但今天我们越来越意识到，组织中的每个个体都团结起来，拧成一股绳的竞争力更为难得。

正如管理学大师彼得·德鲁克在《管理：使命、责任、实践》一书中提到："管理是一种器官，是赋予机构以生命的、能动的、动态的器官。没有机构，就不会有管理。但是，如果没有管理，那也就只会是一群乌合之众，而不是机构。机构本身又是社会的一个器官，它之所以存在，只是为了给社会、经济和个人提供所需的成果。可是，成果从来都不是由它们做些什么或怎么做来确定的，而是由其贡献来确定的。"

今天，如果我们把企业比喻成人体，那么组织结构就是人体的骨骼，而骨骼并不能单独存在并保证人体的有效运转，还有一个最容易被人忽视的关键就是流动不息的血液。在组织中，血液就是组织的流程。很多企业在设定组织结构的时候会基于战略直接定结构图，却并没有思考如何让每一块骨骼有效地关联起来，从而形成可以彼此协助、相互支撑的整体结构。

因此，我们定结构的时候要基于组织战略，用业务流程来穿针引线，通过规则制度给予支撑，最终形成一套适用于企业发展和业务阶段的组织结构。

常见的组织结构类型有：直线型、职能型、直线职能型、事业部型和矩阵型，在选择类型的时候我们主要考虑的因素是组织的发展阶段，规模以及如何有效地支持组织实现目标。作为人力资源从业者，我们需要实时确认组织所处的阶段，结合组织结构类型不同的特点，逐一分析并完成组织结构的排列组合（表2-1）。

表2-1　组织的不同结构

组织结构类型	特点	应用场景
直线型	其领导关系按垂直系统建立，不设立专门的职能机构，自上而下形同直线。 优点： （1）结构简单，指挥系统清晰、统一； （2）责权关系明确； （3）横向联系少，内部协调容易； （4）信息沟通迅速，解决问题及时，管理效率比较高。 缺点： （1）缺乏专业化的管理分工，经营管理事务依赖于少数几个人，要求企业领导者必须是全才； （2）当企业规模扩大时，管理工作会超过个人能力所限，不利于集中精力研究企业管理的重大问题	劳动密集、机械化程度比较高、规模较小的企业
职能型	采用按职能分工实行专业化的管理办法来代替直线型中的全能管理者。各职能机构在自己业务范围内可以向下级下达命令和指示，直接指挥下属。 优点： （1）各级直线管理者都有相应的职能机构和人员作为参谋和助手，因此能够对本部进行有效管理，以适应现代管理工作比较复杂而且细致的情形； （2）每个部门都由直线人员统一指挥，这就满足了现代组织活动需要统一指挥和实行严格的责任制度的要求（权力集中、命令统一、信息交流多、控制严密）。 缺点： （1）由于实行多头领导，妨碍了组织的统一指挥，容易造成管理混乱，不利于明确划分职责与职权； （2）各职能机构往往从本单位的业务出发去考虑工作，横向联系差； （3）对于环境发展变化的适应性差，不够灵活； （4）强调专业化，使管理者忽略了本专业以外的知识，不利于培养上层管理者	劳动密集、重复劳动的大中型企业

续表

组织结构类型	特点	应用场景
直线职能型	结合了直线型组织和职能型组织的特征。 优点： （1）直线主管人员有相应的职能机构和人员作为参谋和助手，能进行更为有效的管理； （2）可以满足现代组织活动所需的统一指挥和实行严格责任制的要求。 缺点： （1）部门间沟通少，协调工作较多； （2）容易发生直线型领导和职能部门之间的职权冲突； （3）整个组织的适应性较差，反应不灵敏	规模中等的企业，随着规模的进一步扩大，将倾向于更多的分权
事业部型	也称"分权制结构"，是一种在直线职能型基础上演变而成的现代企业组织结构。事业部结构遵循"集中决策，分散经营，独立经营，单独核算"的总原则，实行集中决策指导下的分散经营，按产品、地区和顾客等标志将企业划分为若干相对独立的经营单位，并分别组成事业部。各事业部可以根据需要来设置相应的职能部门。 优点： （1）权力下放，有利于管理高层人员从日常行政事务中摆脱出来，集中精力考虑重大的战略问题； （2）各事业部主管都拥有很大的自主权，有助于增强其责任感，发挥主动性和创造性，提高企业的经营适应能力； （3）各事业部集中从事某一方面的经营活动，实现高度专业化，整个企业可以容纳若干经营特点有很大差别的事业部，形成大型联合企业； （4）各事业部的经营责任和权限明确，物质利益与经营状况紧密挂钩。 缺点： （1）容易造成机构重叠，管理人员膨胀； （2）各事业部独立性强，考虑问题时容易忽视企业的整体利益	规模大、业务多样化、市场环境差异大以及要求具有较强适应性的企业

续表

组织结构类型	特点	应用场景
矩阵型	既有按职能划分的垂直领导系统，又有按项目划分的横向型领导系统的结构。 优点： （1）将企业横向、纵向进行了很好的联合； （2）能在不增加人员的前提下，将不同部门的专业人员集中起来； （3）较好地解决了组织结构相对稳定和管理任务多变之间的矛盾； （4）实现了企业综合管理与专业管理的结合。 缺点：组织关系比较复杂	集权、分权优化组合，员工素质较高，技术复杂的企业

随着时代的进步，我们已经不能再用单一的组织结构来解决组织问题。越来越多的新概念浮出水面，但是，从以终为始的角度反过来看，我们会发现组织结构的选择源于我们是基于结果导向还是基于任务导向，或者是基于从属关系导向。基于结果导向的组织更关注责任和权利的对等关系，强调最终结果应呈现完整性；基于任务导向的组织则更关注流转效率与流程规范，强调岗位、部门与企业整体间的一致性；基于从属关系导向的组织则关注管理授权与责任关系，强调母子、上下、总分公司间的从属性。

在企业中应用最多的组织结构依然是组合拳中的升级版本，虽然我们听到了如阿米巴、合弄制、事业合伙人制、敏捷组织等许多新的名词，但是依然离不开组织想要达成的三个源头。而在企业中"最适合"的才是最好的方式，作为人力资源从业者，我们更应该具备勇气，勇于尝试创新，不固守成规但是也不空谈。

3. 定权责——打造命运共同体

有了组织结构的初步设计，组织内部的部门之间就可以畅通无阻地沟通、协调了吗？答案一定是否定的。正如前文中我们讲到的，组织如果被比喻成人，有了骨骼、血液之后还需要每个器官发挥相应的作用。组织中到底哪个器官是可以帮助我们化解毒素的？哪个器官是可以支撑我们消化食物的？哪个器官是可以帮助我们储存能量的？这些问题都需要我们在组织中寻找答案。

为了让各个部门之间更好地协调与配合，最为重要的就是划分清楚部门之间的权责界面。实际上，任何一种形式的组织结构都是完成组织内部分工合作体系的必然模式，也是组织内各部门之间相互配合、共同努力的结果。那么，如何判定各部门的贡献度呢？很多人会说看业绩，但是我们会发现一个业绩指标的达成并不是由直接面对客户的市场部门自己做出的，还与后面为业绩达成付出努力的其他部门相关。但是，如果要算经济账的话，这笔在总账里却是很难算清楚的。因此，一方面我们可以做指标的拆解，另一方面我们也需要做管理的职责拆分，用科学的方法来帮助组织各部门形成命运共同体，最终达成共生型组织的目标。

通常在给企业做管理咨询项目的过程中，我们会采用多种形式来完成权责界面的划分，我们把步骤总结为"定一个目标、建两个机制、督三个层级"（图 2-3）。

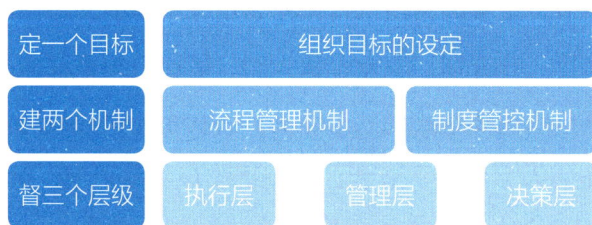

定一个目标	组织目标的设定	
建两个机制	流程管理机制	制度管控机制
督三个层级	执行层　　管理层　　决策层	

图 2-3　权责界面划分三步法

（1）定一个目标：企业的权责划分离不开组织目标的统一，我们一定先从目标出发，根据目标来设定组织结构中各部门的主要职责，然后再根据部门职责来拆解岗位职责。因此，组织目标一定是自上而下的，也是逐级拆解并能完成对上支撑的。

（2）建两个机制：在支持目标达成的过程中，我们通过建立组织结构来完成组织分工和责任的划分，但是想要让部门之间可以完成协作，那就还需要流程管理机制与制度管理机制来支撑。流程管理机制解决的是部门间、岗位间的业务流转问题，流程的便捷程度决定了企业内部事件处理的效率和效果。但是，我们发现很多企业即使有了流程运转速度依然很慢，原因大部分还是没有建立制度管理机制来进行制约。机制管理要解决的是效能的问题，例如，一个流程流转的过程中需要配合的标准，遇到难题需要解决的途径等，这些都需要制度来解决，因此制度的支持程度决定了企业内部事件处理的效能。

（3）督三个层级：在部门间协作与沟通的过程中，会通过三个层级来完成事件的发起到结束，它们就是企业中的执行层、管理层和决策层。我们用"督"这个字，是因为"督"有督促、督办、监督的含义。决策层要督办管理层管控和管辖的工作内容；管理层要监督执行层需要执行的工作内容；执行层要督促自己快速、准确、高质量地完成工作内容。

有了"定－权－责"三个步骤，相信很多人力资源从业者能够找到在组织变革中自己的角色和作用。我们更需要人力资源在这个过程中了解组织目标，学会定需求、定结构、定权责，并且在不断精进的道路上寻找最佳解决方案，请大家一定要相信最适合自己的才是最有效的。

三、业务与组织高度融合的"高速公路"

今天我们都在谈论业务导向的问题，也都在设定组织与业务之间融合的方式和方法，当"业财一体化"的模式跑通之后，越来越多的企业开始关注"业人一体化"模式的建立。而很多企业在组织结构搭建好之后，依然会面临着"组织跑不动、效率低、不见效"的情况，要想解决这些问题，我们还需要在组织结构的基础之上建立一条"高速公路"，以完成业务事项与组织结构的高度融合、高效协同。

正如罗伯特·S.卡普兰（Robert S. Kaplan）与戴维·P.诺顿（David P. Norton）合著的著作《组织协同——运用平衡计分卡创造企业合力》中提到的那样，协同不是一蹴而就的过程，因为环境在不断变化，包括行业、竞争对手、政策法规、技术、客户和员工等因素都不是固定不变的。因此，一个原先上下协同一致的企业可能在转瞬之间就变得不再协调。为了保持一个系统的协调和一致，就必须不断地向系统内注入新的能量，这就需要对协同流程进行管理。我们在提到协同的最佳解决方案时都会想到华为的"铁三角"模式（图 2-4）。

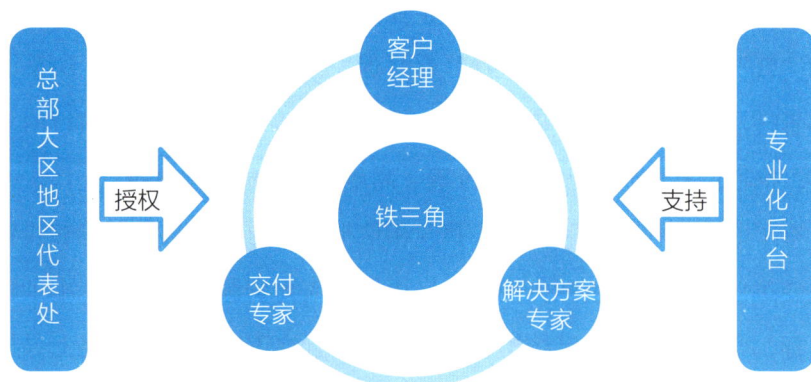

图 2-4 "铁三角"模式

华为的"铁三角"模式，是华为从个人英雄主义到构建组织能力转型的产物。华为"铁三角"模式是指负责客户界面的 AR（Account Responsibility，客户经理），负责产品和解决方案的 SR（Solution Responsibility，解决方案专家），以及负责交付的 FR（Full fill Responsibility，交付专家），他们的职责涵盖了最核心的三大业务体系。他们组成工作小组，共同面对客户提出的问题与诉求，并提供解决方案，从而形成了良好的跨部门协同的有效机制。任正非曾经对"铁三角"模式有过这样的评价："铁三角的初衷是在市场的最前端使用联合力量作战，使客户感到华为是一个界面，'铁三角'对准的是客户。"华为跑通的这条"高速公路"不仅是面向客户的产物，也是业务目标与组织目标相互融合的产物。

今天，当我们想要跑通一条业务与组织高度融合的"高速公路"时，也要面对组织问题，正视组织短板，接受组织纠偏。同时，我们也要问三个问题：

◆ 为什么战略需要业务与组织进行高度融合？

◆ 为什么管理需要业务与组织进行高度融合？

◆ 为什么创新需要业务与组织进行高度融合？

带着这三个问题，我们与大家一起跑通三条"高速公路"，助力企业完成高效协同（图 2-5）。

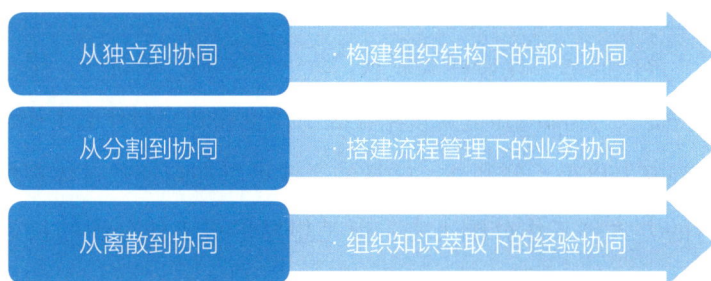

从独立到协同	·构建组织结构下的部门协同
从分割到协同	·搭建流程管理下的业务协同
从离散到协同	·组织知识萃取下的经验协同

图 2-5　实现协同的三条道路

1. 从独立到协同——实现部门协同

在组织结构设计的过程中，最大的阻碍点就是部门之间的协同问题。虽然我们可以通过工作职责和工作流程来划分清楚部门的职责边界，但是企业中还是有很多模糊的地带，那些突发事件、紧急事件、首次出现的事件都需要各部门间相互配合处理。那么，想要达成部门间协同的目标，作为组织设计者的人力资源从业者应该把关注点转移到如何基于责任进行价值分配。

首先，部门间的工作协同要达成"一盘棋"的战略共识。组织的战略目标达成依赖于组织目标与员工个人目标的高度统一。组织目标可以拆解为部门目标，部门目标又可以拆解为员工个人目标。在这层层相扣、互相关联的过程中，我们要建立的是部门间"一盘棋"的共识。我们通常会发现组织目标在层层拆解的过程中，并不是可以完全地、准确地拆解到各个部门，这个过程中一定会存在相互协作的模糊地带。那么，这时候靠什么才能支撑各部门间的有效协作，共同完成战略目标呢？一定是战略共识！企业管理者在战略制定之后，通过各种渠道、各种会议进行战略的宣传贯彻和解读，并通过战略目标的不断确认让组织内各部门及员工都对战略目标达成共识并愿意笃定地执行。战略目标的实现需要有效地完成业务和组织的高度融合。

其次，部门间的工作协同要做到"责－权－利"的统一。很多企业都是只给了"责"，即部门知道要承担什么工作责任和交付什么工作结果，但是从来没有权力也得不到利益。这样的企业可以在初期通过体现权威或者施加压力的方式将工作分配下去，但是想要形成工作分配的长效机制是万万不可能的。权力看似给的是资源和权威，但事实上是在建立授权机制，清晰地界定"权"的边界和范围。在避免盲目授权的风险下，授权是为了能够让责任人争取到应有的资源、支持和决策主动权。利益是一个组织中最敏感和最充满玄机的部分，很多组织都是可以共苦但是很难同甘的，其间的弊病都在分钱上。作为人力资源从业者，我们是设计利益分配的高手，更可以站在价值链贡献的角度上，公平公正地分配组织利润。对于那些创造关键价值、发挥关键作用、承担关键责任的部门理应给予最大的利益支持。

最后，部门间的工作协同要具有创造力的长效基因。当下，我们都在讲不确定性，正是因为各种不确定才让我们看到创新的意义和价值。过去的一成不变将不能再应对外部环境的不断变化，也不能通过"一招走遍天下"的旧法在新路上捕捉机会。创造力成为组织应对变革、面对不确定性最好的自我解救良药。创造力一方面改变了业务模式、产品模式、赢利模式，另一方面使组织对内进行了转型。我们无法用一种组织模式去应对不同的业务发展，因此组织的变革一定要与业务关联，与业务的创造性关联。如果一个组织可以将创造力作为长效基因去培育，那么这个组织具备的将是在不断变化的环境中自我融合、成长的发展秘籍，用创造力支撑业务与组织的高度融合才是企业最终的发展之道。

2. 从分割到协同——实现业务协同

流程管理一直是企业在发展过程中容易忽略的一点，很多企业知道要绘制战略蓝图，要设计组织结构，但是很少听到一个组织提出要完善流程管理。多数的企业认为，只要有部门职责说明和岗位说明书就算完成了责任的划分，再加上各种制度建设设定好了责任边界和奖惩措施，部门和员工自然知道如何有效地完成工作目标。这是很大的一个误区，流程管理一直都是组织发展中不可忽略的分水岭。

企业中的各部门都会有不同的工作分工和责任定位，这决定了部门间的对立特性，而从价值链的角度来看，部门间又具有统一特性。因此，从某种意义上讲，有效地处理部门间的协同问题会成为未来企业的管理重点和难点。那么，流程管理的难点和复杂性取决于产品线数量、辐射区域数量、业务发展数量等因素，但是无论有多么复杂的客观因素，从流程管理的角度来分析，无外乎就是业务流与信息流的两种正、反流动方向的循环。

（1）业务流——让价值链有效循环。价值链是哈佛大学商学院教授迈克尔·波特于 1985 年提出的概念（图 2-6），波特认为，"每一个企业都是在设计、生产、销售、发送和辅助其产品的过程中进行种种活动的集合体。所有这些活动都可以用一个价值链来表明。我们把企业内外部价值增加的活动分为基本活动和支持性活动。基本活动涉及企业的生产、销售、进向物流、去向物流、售后服务。支持性活动涉及人事、财务、计划、研究与开发、采购等。基本活动和支持性活动共同构成了企业的价值链"。

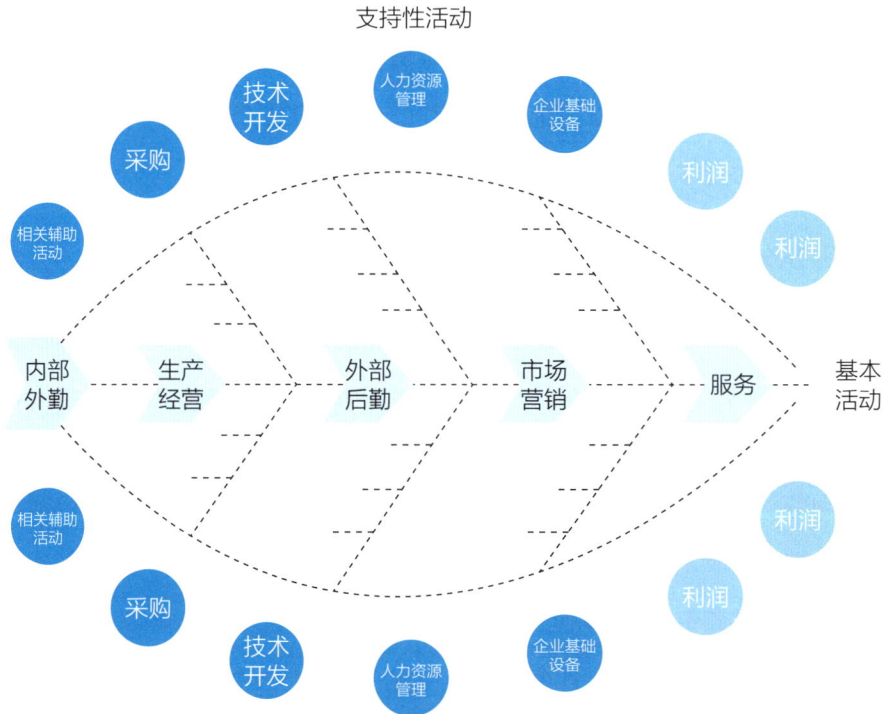

图 2-6　价值链

按照价值链的划分，我们会发现其中的基本活动已经完成了业务流的流向循环。业务流中各项活动之间都具有密切的关系，并且可以创造业务价值。在价值链上，每个环节都可以创造出自己的价值，形成自身环节的核心竞争力和价值特性。真正的业务流程要能实现各部门间的有效协同，而不是依靠流程图去操作业务事项。当我们提出业务流的有效运转时，实际需要做的是让部门间各业务环节进行有效协同，这种协同可以看作人为协同，因为功能层面的协同并不能实现业务实际的效益与价值，而在业务协同的基础上再加入人的因素，才能使业务流达成创造价值的终极目的。

（2）信息流——让决策机制见长效。信息流从字面上理解就是人们通过采用各种方式、方法、手段来实现信息交互和流通。面对数字化时代的各种信息手段，信息流的传播看似变得越来越容易。当回归信息流本身的价值内涵，我们会发现信息流的产生主要是为了实现连接的功能，它不是独立于业务流之外的，而是包含在所有流程管理之中的。对于组织来说，部门间的业务传递和协同合作更多依靠的是信息流的有效传递，因为信息会影响当事人的情绪、状态和反应，进而影响他的行为和结果。我们需要对信息进行有效的调控，并提供最有价值的决策依据。

信息流在动态变化的组织环境中，根据不同的背景条件、业务进程、客户反馈做出相应的反应。这个反应是不可预测的，就如同我们现在不确定的时代一样，一切都是要借势而为的。那么，信息的完整性、及时性、准确性就决定了决策的有效性。组织内各部门之间除了业务流程的相互衔接，也离不开信息流的决策支持，如果想让部门之间没有壁垒，那么信息流是否能够提供决策的长效机制很关键。

3. 从离散到协同——实现经验协同

组织在有了明确的结构划分和部门设置后，通过流程的梳理和价值链的应用，可以实现组织业务价值的最大化。今天，如果我们把目光从一家企业因一个业务事件而获得的成功延伸到一家百年老店是如何把一个业务事件做成功的，那么我们会发现，之前提到的这些是远远不够的。这时候在企业中有一个非常重要的课题，就是如何实现组织经验的传承，让成功的经验可以不断复制，这样才能实现成为"百年老店"的奋斗目标。

组织经验萃取成为使成功经验变得可以复制的最佳解决路径。在企业中有很多的优秀员工、绩优员工，他们的流失通常会对组织产生很大的影响。我们都希望他们在离开之前可以把成功的经验和优秀的工作方法进行传承，而这就需要在组织价值链的每个关键节点上都提出经验萃取的要求，使工作流程到了关键节点就能对经验萃取内容进行迭代更新，这样一来，经验的萃取就变成了一个可操作的白皮书，未来组织内任何一个人想要学都能学得会。这个过程实现的是从整个价值链中各个离散的关键点进行提炼，而后在整个价值链中进行协同，最后完成经验在组织的各部门间有效地协同，从而创造最大的组织价值。

第二节

组织蓝图引爆部门向心力

▲

管理学大师彼得·德鲁克曾经说过，组织的重点必须放在机会上，而不是放在问题上。如果组织把精力放在出成果的地方——即放在机会上，那么组织的成员就会有兴奋感、冲动感。而组织现在正处于一切都不确定的时代，不断面临新的挑战与机遇，我们作为人力资源从业者能做的就是加强组织的"韧性"。韧性作为物理学概念，表示材料在塑性变形和破裂的过程中吸收能量的能力。韧性越好，则发生脆性断裂的可能性就越小。今天我们在组织管理中提到的"韧性",更是指在面对外部变化的环境中企业所必备的心理素质和组织能力。想要获得具有"韧性"的组织,就要从产品、服务、流程、人才和员工行为等多方面去下功夫,不可一蹴而就,不断积累方见真章。

组织结构的建立不仅是画一张组织结构图那么简单,它的背后还有一张宏伟的蓝图——组织蓝图,需要组织中的每个员工参与绘制。这张蓝图中要有组织的梦想,也要有梦想的实现路径,更要有实现路径的过程中每个人的晋升之路。想要让这张组织蓝图迸发出惊人的力量,需要组织中的每个部门都打破固有思想,尝试多种模式,构建部门的向心力。通过不断地变革推动,形成组织能力的卓越提升。

一、拆掉"部门墙":权责界面划分

在组织结构的设计完成之后,我们相当于已经完成了组织能力构建的第一步,搭好了组织的骨架。下一步就是在骨架内进行有效的协作与融合。而在很多企业的发展过程中,各部门之间都会因为一道高高的"部门墙"而形成众多的阻碍,这些阻碍不仅会影响企业的经营发展,更会对企业文化造成持续的影响。

"部门墙"通常都是随着组织规模的壮大、业务的扩张和人员的补充而形成的。当组织形成了明显的金字塔结构,在快速发展的同时并没有精简和优化组织流程,造成管理的滞后,部门间的职责划分不清,模糊地带越来越多,自然就会出现相互的扯皮推诿的情形。

2010 年,《华为人》上面刊登了一篇华为内部员工发表的文章,主要内容就是关于华为管理的十大"内耗",而内耗之最就来自"无比厚重的'部门墙'"。作者在这篇文章中写道:"一般产品出了问题,我们都是互相推卸责任，经常最后发现谁的责任都不是——要么是客户没操作好，要么是环境不匹配。通信产品非常复杂，结合部的模糊地带也很多，推卸掉责任还是很容易的。再有就是内部协调起来特别困难，如果不是自己牵头或者自己部门牵头负责的项目，很难调动得了资源。我们很多主管一般都只提倡自己部门内部相互协作，希望从协作中能给自己的组织带来好的绩效，但是当自己部门要与其他部门协作时，大家就开始推三阻四了。这种自私的假协作最终导致了内外部都不协作，因此整个华为都在做布朗运动[①]，这种运动对大企业来说是灾难性的。"当你看到这样的文字，是否也有一种貌似曾经体验过的感受？其实这种现象在很多企业中都是存在的。

随后，华为开展了声势浩大的"砸掉'部门墙'"的管理提升举措，无论是从流程节点的把控上，还是从破除官僚主义、充分授权给员工的层面上，都做了大量的尝试与变革。其中最为重要的一点就是在华为内部进行了组织结构和组织考核的调整。

作为人力资源从业者，我们看到了"部门墙"对企业发展的掣肘，也知道了组织结构变革后切实落地的重要性。那么我们就要从业务界面划分做起，一步步拆掉"部门墙"，推动企业正向循环和发展。权责界面划分的工作最早源于工程类公司，它们在项目管理的过程中，施工单位与监理单位之间就工作内容和管理权限进行了划分。后期，在我们进行企业管理咨询的过程中，发现各类企业也都需要进行这样的权责界面划分。权责界面划分包含各层次、各部门及各岗位之间的权责关系。我们要解决两个方向的权责界面划分的问题：横向划分与纵向划分。

---

① 布朗运动：指悬浮在液体或气体中的微粒所做的永不停息的无规则运动。其因由英国植物学家布朗发现而得名。作者此处借用物理学上的布朗运动比喻"部门墙"给华为带来的严重的组织内耗。——编者注

1. 横向划分——让权责贯穿于部门间

无论你的组织采用哪种组织结构图，都离不开部门间的互动与配合。一个关键事项的流转到底由谁来负责，由谁来决策？这就需要用部门间横向的权限划分表来实现。我们就以服务过的企业为例来进行分析（表2-2）。

在横向划分权责的时候我们要关注如下核心要素：

（1）关键事项梳理。在表的左侧是关于权责划分的关键事项说明。这部分是根据经营、管理的关键事项按照等级层次不同而逐一展开的。在涉及权责界面划分的时候，难度最大的其实就是把事项说明清楚，组织内部到底都有哪些具体的事项是需要在部门和岗位之间进行流转的。

用"一、二、三"表示的均为核心的经营管理事项，我们通常将其称为一级事项。一般会涉及计划与预算管理、成本管理、营销管理、项目管理、人力资源管理、财务管理等相关事项。

用"1.1、1.2、1.3"表示的均为对一级事项进行具体拆解的事项，我们通常将其称为二级事项。二级事项一般会涉及部门内部核心关键事项在部门间流转的相关工作，与部门职责的相关度更高。

在二级事项之下的分解事项，我们通常称为三级事项。一般会涉及部门内部的关键岗位以及具体实施此项工作的流程环节，并更关注在部门内部流转以及与其他部门的衔接工作。

让我们用人力资源管理作为案例来做个具体的分解。通常，我们首先会将人力资源管理作为一级事项，其次根据企业发展阶段和具体工作内容，将二级事项拆解为人力资源管理制度制定、人力资源规划、招聘管理、薪酬福利管理、绩效管理、培训管理、劳动关系管理以及组织管理等相关内容。再次，我们会根据二级事项在组织中的重要性和行使的角色进行再次拆解，最后，在三级事项中拆解为绩效管理体系、总部高管绩效考核、总

表2-2　横向划分实现

关键事项	子公司 综合办公室	项目财务部	报批报建部	工程技术部	预算控制部	销售营销服务部	分管领导	总经理	总部各部门 综合管理部	计划财务部	证券事务部	投资发展部	项目管理部	营销策划部	规划设计部	成本管理部	客户服务部	招商管理部	分管领导	论证与决策层 投资论证委员会	产品评审委员会	招标管理委员会	安全管理委员会	总经理办公会	总经理	董事会	股东大会
六、工程类采购管理																											
6.1 供应商名录管理																											
· 名录范围确定及调整				○	○	○	○	○				○	○		○	①			②								
· 入围资格审查				○	○	○	○	○				○	○		○	①			②								
· 合作供应商履约评估报告				①			②	③								○			▲								
· 合格供应商名录确定				○	○	○	○	○				○	○		○	①			②								
6.2 工程类招标邀标（非战略采购类）																											
· 招标采购计划（总体、年度）				○	○	○	○	○				○	○		○	①			②						③		
· 招标方案、招标文件审批				○	○	○	○	○				○	○		○	①			②						③		
· 入围单位资格审查				○	○	○	○	○				○	○		○	①			②						③		
· 评标结果审批				○	○	○	○	○				○	○		○	①			②						③		
· 合同审批									③	③					③	①			②④						⑤		

部部门及员工绩效考核、总部对子公司绩效考核、子公司员工绩效考核等。

（2）权限行使单位划分。在表格的第一行，我们把权限行使单位划分为子公司、总部各部门、论证与决策层三层。这一层级是我们权限行使单位的第一层级，它们通常以核心组织单元的形式出现，并且具有独立经营管理的权限。

第二层级主要是由各核心组织单元的部门以及相关委员会组成。这一层级通常都以部门为单位出现，主要体现关键事项的流转主体单位。

（3）权限符号定义。〇表示参与讨论、评审、签署意见或配合完成，相同数字表示同步审核；①②③④⑤⑥⑦⑧⑨⑩表示对输出文件的审核顺序；加粗并下划表示审批或确定；▲表示备案。

（4）权限标准设定。对于权责界面划分最关键的点就是标准的设定，这也是最有争议的点。针对每一个关键事项，我们首先要界定的是：发起部门是哪个部门？谁来实施和应用？谁来参与？谁来审核、审批、备案？这些都是在权责界面划分中要明确的内容。例如，在组织内要进行的说明就是发起部门的界定标准，它们是事项的第一责任人，同时也是这个事项接收信息指令或者运转流程的第一责任部门，事项需要经过它们才能向后执行。另外就是这个事项的流转顺序和每个环节的关键决策是什么，这些都需要一一明确。

2. 纵向划分——确保岗位间的授权有效

我们在明确了部门的职责划分与权责划分之后，很多人反而会忽视部门内部的流转，觉得内部的问题好解决。但是我们会发现部门内部的流转效率通常也会令我们大失所望。而效率低下的原因通常不是岗位职责的模糊不清（因为每个岗位的人员基本都知道自己要做什么工作），而是决策的模糊不清。我们以某公司的项目管理部的一项具体工作为例（表2-3）。

表 2-3　职责划分效率提升表

步骤	说明	负责人	输出
根据合同组织货源与交货现场	·依据合同，材料设备进场前，工作人员必须与项目部、监理事先沟通，明确要求 ·会同监理进行交底，明确资料、报验、程序、规范等要求	项目经理总监	
组织验收	·组织材料供应商、施工单位、监理单位及建设单位对进场的材料设备进行验收	总监	
资料及实物验收	·根据合同及国家规范进行验收	监理工程师	报验资料
参与验收	·根据国家规范进行验收	施工单位施工员及材料员	
参与目测检查	·根据国家规范、合同进行验收	项目部专业工程师	
见证取样	·根据国家规范见证取样	监理见证员	
检测	·根据国家规范检测 ·检测报告应及时反馈至监理、项目部、施工单位 ·检测报告原件份数应满足资料归档要求	材料供货商监理	检测报告
存档	·对报验资料、验收资料、检测资料及相关资料及时归档，以保证验收	施工单位资料员监理单位资料员	
汇报结论	·对供货商进行评价	总监	

　　我们会发现想要在部门内进行有效流转，一方面我们依靠的是清晰的工作步骤，将工作内容进行有效的拆解，并保证每个步骤都有相对应的责任人负责；另一方面我们也要对每个工作步骤进行可量化、可考核、可衡量的说明，让工作步骤有据可依。最后我们要对工作事项做一个明确的成果确认，输出的内容将最终决定事项完成的情况。

在这个过程中，授权成了非常有价值的管理手段，每个工作步骤的负责人都要对自己所承接的事项负责。以前我们总会听到这样的抱怨，"这个事我可不敢做主""这事我需要等等领导的意思""这事我说了也不算"。产生这样抱怨的原因就是我们没有对工作步骤中具体的标准进行明确的说明，并且明确责任人。因此，从纵向的岗位配合来说，明确工作步骤标准，有效完成授权，这些都会帮助组织减少内耗，实现高效运营。

二、搭建"部门桥"：业务流程再造

我们从组织结构设计到权责界面划分，一步步推演着一个高效能组织形成所必备的关键步骤。今天，我们的管理意识正在逐步升级，我们自身的核心竞争力也正在逐步内化。在这个阶段，一个组织的设计不仅依靠组织内各部门的配合与支持，还要有先进的管理手段，而流程再造就是其中之一。

业务流程再造理论是在 1993 年提出的。迈克尔·哈默（Michael Hammer）和詹姆斯·钱匹（James Champy）在其著作《企业再造》一书中，首次提出了业务流程再造（Business Process Reengineering，简称 BPR）的概念，并将其定义为：针对企业业务流程的基本问题进行反思，并对它进行彻底地重新设计，以便在成本、质量、服务和速度等当前衡量企业业绩的重要尺度上取得显著的进展。业务流程再造管理理论自提出以来已逐渐成为现代企业经营与管理领域内最重要的管理理念之一。业务流程再造管理理论强调以业务流程为改造对象，以客户需求和满意度为中心目标，对现有的业务流程进行重构，并借助先进的制造技术、信息技术和现代化管理手段，最大限度地实现技术功能集成与管理上的职能集成，打破传统业务流程中职能型的组织结构，建立可以适应现代企业战略、以目标为导向的过程型组织结构，确保企业经营在成本、质量、服务、效率等方面获得改进与提升。

我们今天要搭建的是部门间的桥梁，业务流程决定着组织的运行效率，也是企业的生存命脉。因此，我们要从客户的需求角度出发，以企业的战略导向为基础，对企业业务流程进行分析，通过重新设置关键节点和要素，产生最优的流程再造结果，从而推动企业的经营改善和整体发展。我们从人力资源从业者的角度出发，探讨通过最优手段，协助组织完成业务流程再造的推动工作所需要掌握的原则和呈现方式，并希望人力资源从业者未来可以更加深入业务部门。只有对组织中的核心业务流程有深刻了解，才能真正地帮助组织推动变革。因此，我们要坚守一个原则并把握两个基本点。

1. 坚守一个原则——组织高效

互联网技术与数字技术带给组织非比寻常的变化，也带来了底层逻辑上的根本性的改变。组织已经从原来追求高收益、高发展的阶段逐步转向向内看，去寻求互助、抱团。在发展的同时，众多组织也开始实行减员增效的举措，究其根本，企业并不是真的想裁员，而是希望通过裁员来解决企业最大的成本——人工成本的问题。组织最想解决的还是增效问题，增效一方面是要增加每个员工的工作效率，另一方面是要增加每个员工的效能。效率只能解决工作完成速度的问题，效能要解决的则是在保证工作完成速度的同时保证高质量。

在业务流程再造的过程中，作为人力资源从业者，我们能做的就是坚守一个原则：达成组织高效的目的。我们既要效率也要效能。我们以某房地产公司的开发流程作为案例来进行分析（图 2-7）。

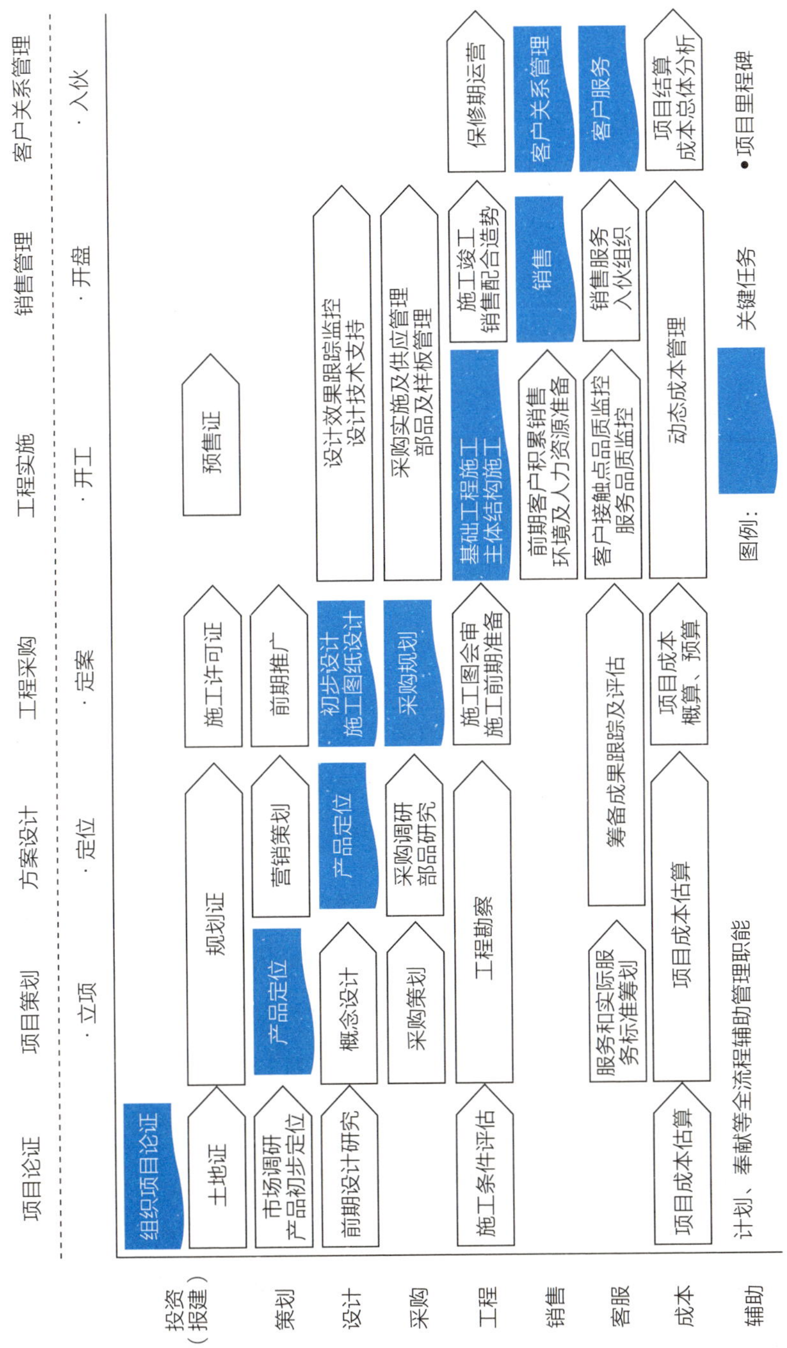
项目论证
项目策划
方案设计
工程采购
工程实施
销售管理
客户关系管理
·立项
·定位
·定案
·开工
·开盘
·入伙
投资（报建）
策划
设计
采购
工程
销售
客服
成本
辅助
组织项目论证
土地证
规划证
施工许可证
预售证
市场调研
产品初步定位
产品定位
营销策划
前期推广
前期设计研究
概念设计
产品定位
初步设计
施工图纸设计
设计效果跟踪监控
设计技术支持
采购策划
采购调研
部品研究
采购规划
采购实施及供应管理
部品及样板管理
施工条件评估
工程勘察
施工图会审
施工前期准备
基础工程施工
主体结构施工
施工竣工
销售配合造势
保修期运营
前期客户积累销售
环境及人力资源准备
销售
客户关系管理
服务和实际服
务标准筹划
筹备成果跟踪及评估
客户接触点品质监控
服务品质监控
销售服务
入伙组织
客户服务
项目成本估算
项目成本估算
项目成本
概算、预算
动态成本管理
项目结算
成本总体分析
计划、奉献等全流程辅助管理职能
图例：
关键任务
●项目里程碑

图 2-7 业务流程再造

我们发现，一家房地产公司从项目论证到交付后的客户关系管理经历了一个漫长的流程，这个过程中会有众多关键节点对项目交付都产生着关键性影响。在进行流程再造的过程中，我们要不断地明确两个对组织效能会产生影响的因素，一个是项目的里程碑到底有哪些，一个是关键任务到底有哪些。这两个因素可以帮助所有的管理者明确对于工作任务要盯紧什么、要考核什么，这也是组织实现高效的最佳路径。

如图 2-7 所示，我们看到横向是我们在完成房地产开发的流程中必要的关键事项，缺一不可。在为组织设计业务流程再造任务的时候，我们需要第一时间解决横向业务链条的问题。价值链的梳理看似是操作步骤，实则是权责分工以及部门的相互制约。需要对业务中涉及的"运动员、教练员、裁判员"等角色进行充分的分离，保证组织无风险地运行。这时候，我们要进行拆分和合并的工作，把过去流程中需要共享的信息共享出来，对需要决策的信息做出合理反应。

纵向是我们完成横向关键事项的关键动作。这些动作可能是由一个部门或者一个岗位来完成的，也有可能是由多个部门和岗位相互配合来完成的。在流程中，执行流程的部门和员工都有明确的职责范围，当然也要承担相应的责任。在流程运转的过程中，永远都不是单线条的流程推进，而是多流程的同步推进。如图所示，项目的产品定位和规划证的办理、工程勘察都是同时进行的，我们通常称它们为平行流程。但是有些流程则是连续流程，比如你只有拿到了预售证，你才可以进行房屋销售，那么这就涉及了前后工序的梳理。我们会发现，组织中最容易出现问题或者暴雷的点，都是在平行流程中，因为不到最后一刻你是不知道最终完成的情况和成果是什么样子的。我们通常会因为平行流程之间没有相互的沟通与反馈机制，最终造成问题暴露出来的时候已经错过了最佳的解决时机。

因此，保证组织高效运营的最后一步是建立信息资源共享机制和信息源头获取机制。目前，很多信息系统和共享工具都可以实现信息在一个端点输入并在多个端点进行共享。这个模式可以从源头解决平行流程中沟通反馈的问题，当所有信息都可以一次输入、多方采用的时候，组织效能就会得到充分提高。

2. 把握两个基本点——以人为本和顾客主义

稻盛和夫一直都在倡导"敬天爱人"的人生哲学。在管理企业的过程中，稻盛和夫也将他的人生哲学应用到了经营管理中。创办京瓷公司以来，稻盛和夫从未停止思考企业经营中什么是"切实可靠的东西"。他曾在社交媒体中写道："历经种种烦恼，经过反复思考之后，我做了一个决定，要以'人心'为本去经营企业。除此之外，我没有任何经营企业的手段和方法。"

在搭建部门之间桥梁的过程中，会出现各种各样的困难和阻碍，通过流程的高效运转可以在方法层面上解决一定的问题，但是"人"的要素也是不可或缺的。在我国古书中最早以文字形式明确提出"以人为本"的是春秋时期的齐国名相管仲。管仲是辅佐齐桓公九合诸侯、一匡天下的杰出政治家、思想家。在西汉刘向编成的汇集了管仲众多思想观点的《管子》一书《霸言》篇中，记述了管仲对齐桓公陈述霸王之业的言论。其中有一段这样说："夫霸王之所始也，以人为本。本理则国固，本乱则国危。"今天，以人为本的思想正在各大企业中推行，也获得了长足的发展。坚持以人为中心，以实现每个员工自身的发展为前提，在业务推行之前先想好员工的需求、发展和收获，是组织发展的前提条件。

部门之间的桥梁需要靠人来做支撑，很多的业务流程都需要通过人来做高效衔接。以人为本的核心是以人心为本，通过组织设置和流程优化让每个员工在工作过程中享受到工作的乐趣和幸福感。这是每个人力资源从业者在变革过程中要把握的第一个基本点：**以人为本——人心齐，推万事**

皆可行！

陈春花与廖建文在《哈佛商业评论》上发表的《顾客主义，数字化时代的战略逻辑》一文中指出：顾客主义来临，意味着企业战略的重点要从"挖掘确定性"（exploit certainty）转向"探索可能性"（explore possibility）——用不断更新的技术去洞察、满足和引领客户不断变化的需求。

在这个不确定的时代，顾客是解开未来一切战略谜团的金钥匙。

今天我们所谈到的顾客主义，其实并不陌生。在 20 世纪六七十年代的管理思想中就曾经提出过"以客户价值为导向"的思想，在那个阶段我们理解更多的是站在客户的角度去思考问题，找到客户真实的需求，并满足客户的需求。但是，面对不确定的时代和数字化转型带来的冲击，企业只是满足客户需求已经远远达不到最终的业务目标了。如果在部门协作过程中，员工依然按照固有的流程去运转，并且不考虑客户的定位、预期和未来，那么部门间的流程即使运转流畅，客户不满意也可能最终会对企业发展造成阻碍。

顾客主义要解决的不仅是客户的需求问题，还包括引领客户一起看未来的能力。看未来意味着我们不能再局限在自己的工作职责本身，只充当组织中的一个螺丝钉的作用，而应该与组织一起创造更多的新的价值点，为顾客提供可持续的创新服务。作为人力资源从业者，在部门之间协同合作的同时也应该引领部门去挖掘业务的创新点，站在客户的角度去思考流程中需要不断优化提升的问题，只有这样才能最终解决部门之间流程协作的根本问题。

三、整合向心力：部门变革助推者

在组织设计阶段，我们从顶层设计到部门划分，从部门协作到岗位融合，经历了组织理性管理的过程。在组织管理中，理性就如同机器的操作程序，可以保证准确度，但是无法保证愉悦度。这就引出了另一个组织管理的角度——组织感性管理。越来越多的企业在追求组织效能的同时，也在追求组织幸福感。这是一个有温度的词语，让每一个员工都能感受到组织对他的关注与爱。组织幸福感是组织向心力的来源，也是组织向心力的动力，作为人力资源从业者，我们要做的就是整合这样的向心力，而作为部门变革的推动者，不断提升组织幸福感是从事人力资源工作最大的成就感来源。

幸福感的培养和激发将是管理者驾驭未来的核心能力。

笔者的导师、中国管理学专家吕峰在他的著作《打造幸福组织》中提到，人和组织的关系正在发生改变。在现在的组织情境下，幸福的人是很重要的，这一点也在大量的学术研究中得到验证。古希腊学者曾致力于研究幸福的构成，美国心理学会前主席马丁·塞利格曼（Martin Z. P. Seligman）认为个体的幸福感由三部分组成：设定点、生活环境、主观行动。幸福心理学也曾给出定义：幸福＝设定点＋生活环境＋主观行动。从公式来看，我们发现个体的幸福感是有章可循的。那么在组织中如何积极、有效地建设它，让员工更加幸福，这将是我们工作的目的。

为了让员工有归属感，赋能工作就变得非常重要，其背后的核心就是培养主人翁意识。这里涉及一个重要的概念，心理所有权（psychological ownership）。21世纪第三个十年，人力资源工作的落脚点不只是让员工觉得自己是个幸福的人，还要让员工觉得自己是公司的主人。这是近三十年来的非常关键的词，要让员工产生拥有公司的感受。

（一）整合向心力，达成幸福感目标

作为人力资源从业者，整合组织向心力，让员工在工作的过程中感受到工作的意义、价值及对工作有期待，也成了组织赋予人力资源从业者的使命和责任。我们就从这三方面去分析如何整合向心力，达成组织幸福感的目标（图 2-8）。

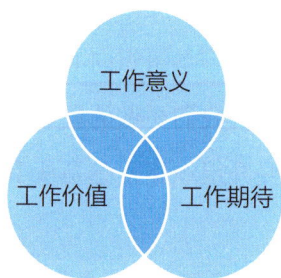

图 2-8　达成组织幸福感的三大途径

1. 工作意义——部门变革的本源

让员工意识到自己在从事一项能够胜任的，并且对公司发展和社会发展有意义的工作，是每一个人力资源从业者都应该具备的基本能力。人力资源从业者需要通过工作职责分工、工作描述、工作流程来帮助员工发现工作的意义。具体我们应该如何做呢？通常，在企业中完成"三定"工作是让工作有意义的基础。

（1）定岗。定岗就是在生产组织合理设计及劳动组织科学化的基础上，科学界定各个岗位的职责、岗位权限、人员的素质要求，以及涉及此岗位的关键工作流程和工作程序。此目的是让员工在其所在的岗位上进行有效的工作输出，提高工作效率，达成工作目标。

具体可以运用组织角色分析法。完成岗位的职责界定后，根据岗位在组织中承担的角色，拆解出具体的活动内容，并就一个活动内容划分出具体的工作任务。不同的活动内容需要员工具备不同的技巧、知识和能力，于是具体的任职资格和胜任条件也就有了明确的体现（图 2-9）。

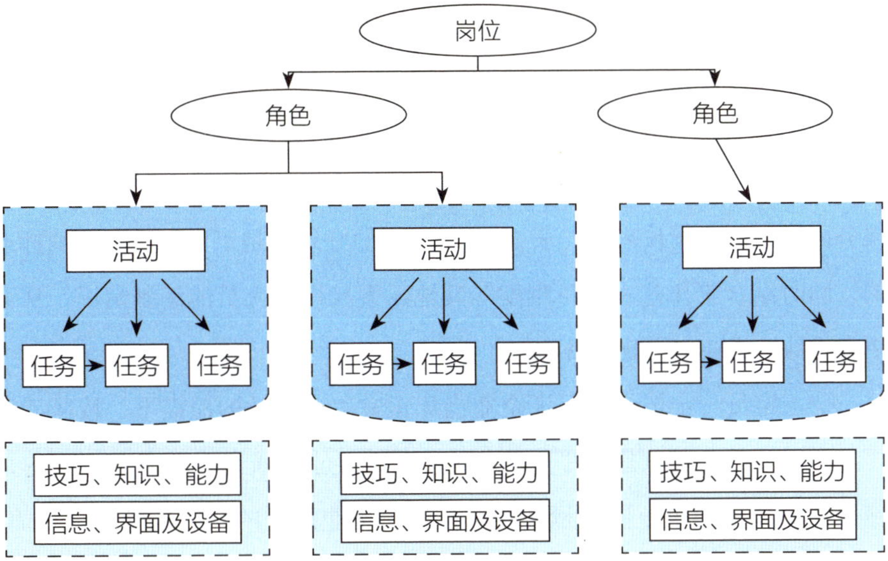

图 2-9　组织角色分析法

（2）定编。定编是在定岗的基础上，结合公司整体的发展布局和业务规划，对各部门及各岗位所要匹配的人员规模进行界定。定编的过程为企业制订生产经营计划和人员调配提供了依据，其目的是提高组织效率、降低人员成本，以及做到最优配置。定编的方法有很多，我们可以从不同的层面去设计定编的模式，最终都可以达成编制数量最优的解决方案（图 2-10）。

图 2-10　定编七大方法

常用的方法就是劳动效率定编法。我们可以根据工作总量和单人的劳动生产效率来计算编制人数，无论是从工作量的角度出发先核定工作量再按照人均效率来计算人数，还是从单人的劳动生产率出发核算出工作量的总计数，都可以达成定编的目的。例如，物业管理行业公司通常都是根据服务面积来配置岗位人数（表 2-4），这样的好处就是工作量是有明确标准的，同时结合工作量、项目难度等其他因素来设定人员的编制情况，从而更有效地达成降本增效的目的。

（3）定员。定员是在保证企业当年正常生产活动的前提下，按照工作任务所需要的人员素质水平、胜任能力等为企业匹配的人员数量。目的是确保人员数量与企业业务量相匹配，保证企业配置的团队规模是最精简、高效、节约的，从而做到人尽其才、人事相宜。

定员的方法也有很多种（图 2-11），我们要结合企业的具体情况来进行分析，选定最佳定员方法。通常在生产制造型企业中，我们会按设备来定员，根据订单量来推算出设备使用量，进而明确设备的定员数量；在流水线车间则一般会按岗位进行定员，根据一条流水线上的工作量及工作环节来设计具体的岗位数量及人员数量；在服务类企业中，我们通常会按产量

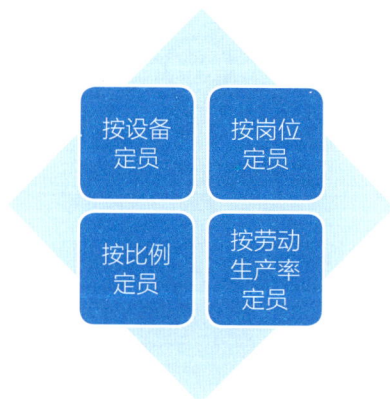

图 2-11　定员法

表2-4 劳动效率定编法（以物业管理行业公司为例）

项目类型	项目性质	服务内容	服务面积（平方米）	外包保洁员（清扫＋垃圾清运＋化粪清掏）	外包绿化员	外包保安员	客服收费岗	前台接待（含迎宾）	配餐岗（厨师、帮厨、面案各1—2名）	消防控制岗	其他服务岗（司机/后勤/会务/内勤人员）	项目经理	项目团队合计编制数
公建项目	拆迁指挥部	秩序维护	0	0	0	2	0	0	0	0	0	0	2
公建项目	行政办公楼	保洁、秩序维护	1800	1	0	2	0	0	0	0	0	0	3
公建项目	拆迁指挥部	秩序维护	500	0	0	2	0	0	0	0	0	0	2
公建项目	拆迁指挥部	秩序维护	1000	0	0	2	0	2	0	0	0	0	4

的比例来核算客服人员数量，保证所有客户都有人提供服务；在具有明确工作内容划分的企业中，我们可以通过测算劳动生产率的方式来进行定员，例如对实行劳动定额的操作岗位或对具有明确人均销售任务要求的销售岗位使用这种方法，通常这是与工作效率挂钩的最优解决方案。

2. 工作价值——部门变革的动力

人们经常会问自己一个问题："我为什么而工作？"我们得到的答案也是多种多样的，有人是为了生存，有人是为了生活，有人是为了生意。无论工作的意义是什么，我们都会从个体的需要出发，通过工作本身来满足某种需求。

工作价值观（work values）是西方近 20 年来新兴的研究热点。工作价值观简单地说就是主体对于工作意义的认识。从广义上看，工作价值观包括了从职业伦理道德到工作取向的一系列概念，它包括了工作倾向性（work preferences）、工作需求以及职业伦理系统等。近年的研究开始将以往的相关概念进行整合，以便可以更多地从基本价值观在工作环境中的反映来解释工作价值观。心理学家舒伯（Donald E. Super）在 1962 年比较完整地阐述了工作价值观的结构理论，并将工作价值观分为三大类：一是内在价值，指与工作本身有关的一些因素；二是外在价值，指与工作本身性质无关的一些因素；三是外在报酬。

作为人力资源从业者，在工作价值层面我们的责任重大，因为我们是价值环境的塑造者，更是价值文化的推动者，我们要帮助每个员工找到自己的工作价值。美国著名社会心理学家马斯洛提出的需求层次理论（图 2-12）就可以有效地帮助我们通过不同的视角来看待员工不同的工作价值取向，继而采取有针对性的措施来推动组织变革。

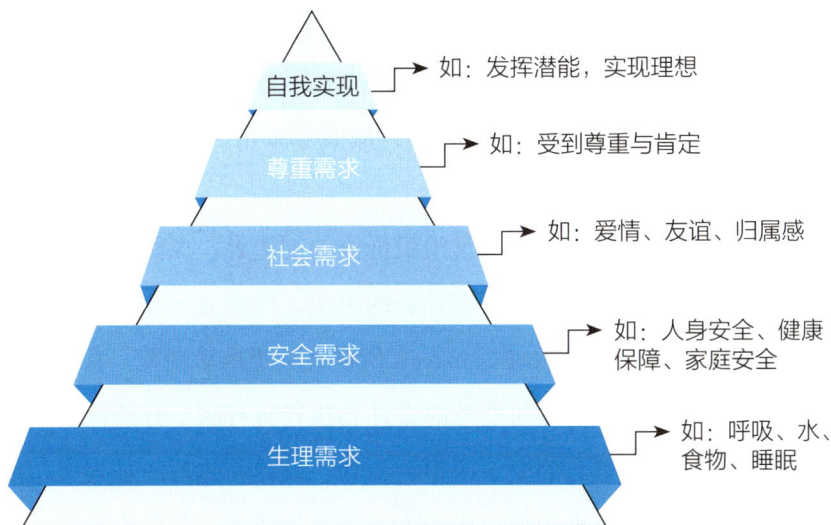

图 2-12　马斯洛需求层次理论

不同层级、不同年龄的员工的需求通常都是不同的。在管理类课程中有了一门新课——《新生代员工／"90后"员工管理》，这是原来不曾有的，现在需要这门培训课的原因就是"90后"员工他们不再只需要薪酬的激励，他们还需要满足获得尊重的需求和自我实现。而面对"70后""80后"的员工，你会发现安全需求、社会需求依然是他们长期稳定地在一家公司工作的原动力。作为人力资源从业者，我们要根据部门、层级、年龄来进行横向和纵向的多维度划分，针对不同的员工寻找他们独特的工作价值点，通过价值点的输出形成组织合力。这样，人力资源从业者就变成了组织向心力的整合者，也实现了人力资源从业者自身的价值需求。

3. 工作期待——部门变革的引力

Z世代的年轻人越来越多地开始吐槽"对于工作来说，理想很丰满，现实很骨感"，工作并不是他们想象的那样充实、有价值，还能让他们有所收获和获得成长。他们内心憧憬着未来，希望在工作中大展身手，但是回到实际的工作中，却发现处处碰壁。想要从职场小白成长为行业高手需要经历一个漫长的修炼过程。很多工作是因为没有满足员工自我成长的需求、工作模式的需求和效率的需求，从而导致员工对工作的期待值越来越低。

在我们看来，每一个员工都是组织价值的创造者，也应该是组织变革的参与者与推动者。年轻人有更多独特的想法，更能适应数字化带来的改变。正如鲍勃·艾兴格（Bob Eichinger）所说，关于推动变革，有一项经研究证实的秘诀——让人们参与变革的设计和执行将有利于打消他们对变革的恐惧。人们越多地参与到变革决策、计划、设计和执行的过程中，他们对于变革的抵触情绪就会越弱。作为人力资源从业者，我们要寻找一种方法，让更多的利益相关者、关键人物、核心岗位员工充分参与其中。

（二）改善员工期待，与员工共生

提升员工对工作的期待值，作为人力资源从业者的我们势在必行，这需要我们从三个角度与员工共生（图 2-13）。

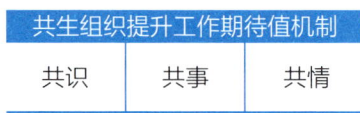

共生组织提升工作期待值机制		
共识	共事	共情

图 2-13　三个角度与员工共生

1. 共识——构建组织沟通合力

工作这件事从来都不是靠一个人就可以完成的，我们需要通过多方面的沟通、协作最终达成工作的目标和成果。对于组织来说，最大的难题就是顺畅地完成部门间、客户间的有效沟通。那么沟通的前提是什么？一定不是想说什么就说什么。沟通的前提是在某件事情上我们要尝试着去达成共识。当然，我们在进行沟通之后有可能并没有达成共识，但这并不影响沟通这个动作的完成。

沟通带来的好处自然不用多说，在组织中沟通想要达成的目标其实是各方在多维度上根据不同的认知而达成共识的过程。对于人力资源从业者来说，好的沟通能力是整合向心力的基础，想要推动部门组织变革，第一步就是要把变革的想法有效地表达出来。

2. 共事——设置组织激励模式

组织内向心力的形成是一个类似"万剑归宗"的过程，无论你有多强的能力、多好的资源、多高的职位，都应该在实现组织目标的基础之上完成自己个人的工作目标。工作也不仅是"加油干"这么简单，还需要有"干法"。不同的人在做同一项工作任务的时候，通常得到的工作成果是不同的，原因就是每个人的"干法"不同。

组织通过设置连续的工作目标，让员工在可持续发展的道路上快速发展的时候，也不忘记"激励"这剂良药。激励也不仅有升职、涨工资这一种方式，我们要回归员工的根本需求，通过员工成长、效率提升、能力获取以及尊重认可等方式来激励目标实现。对于人力资源从业者来说，激励是我们必备的"武功秘籍"，在常规路径走不通的时候，想想"秘籍"吧！

3. 共情——建立组织信任基础

我们一直都在倡导组织中信任是基础。**工作因为热爱而美好，因为信任而幸福**。员工可以与公司同频共振，是一个组织最幸福的状态。这样的状态也是众多企业所期待的，更是员工的期待。建立一个相互信任的环境，拥有开诚布公的文化，将所有的事情都放到阳光下讨论，这样的组织一定会健康成长。

组织需要通过工作任务的安排、监督、检查、反馈机制来达成与员工的同频，需要通过信任来完成对员工的沟通、激励、辅导等工作。这样的组织就像自行车的两个车轮，只有它们都在同频地向前运动时，自行车才能达到一个稳定的状态。作为人力资源从业者，我们不仅是信任文化的推动者，更是践行者。心中有信任，组织变革才能得到更好的推动。

第三节

职位设计激发员工自驱力

▲

哈佛大学教授，美国社会心理学家戴维・麦克利兰（David C. McClelland）提出了著名的三种需要理论（three-needs theory），他注重研究人的高层次需要与社会性的动机，强调采用系统的、客观的、有效的方法进行研究，提出了个体在工作情境中有三种重要需要，即成就需要、权利需要和亲和需要。如果我们溯源自驱力的研究，那么我们就会发现三种需要理论是自驱力产生的冰山以下部分。美国著名作家费拉尔・凯普曾写过《自驱力》一书，书中提到"企业和员工的自驱力就是工作中激动人心的力量"。

自驱力又称内驱力，是指引起和维持个体的活动，并使活动朝向某一目标运行的内在心理过程或内部动力。员工一旦有了自驱力，就会把公司的事情当作自己的事情，把自己看成集体的一员，把自己想象成理想中的样子，把公司的利益当成自己的利益。而对于组织而言，获得具有自驱力的员工一直是梦寐以求的事情。著名心理学家卡罗尔・德韦克（Carol Dweck）曾经研究过动机与心态理论，并认为"成长心态"可以帮助人们获得控制感，因为他们相信自己其实有能力在某些事情上变得越来越好。

当人力资源完成组织结构的设计和部门合力的凝聚后，接下来就要提升各个岗位员工的能力。每个岗位上的员工都是独立的个体，激发他们的自驱力，让员工成长为自己理想中的样子是每个人力资源从业者的使命。

一、重塑员工定位：精准职位分析

组织管理理论是关于组织结构中的部门、员工和行为方式的研究。组织是岗位的载体，岗位依附在组织的框架之下，因此，职位分析的基础是组织框架体系。雷蒙德·A. 诺伊（Raymond A. Noe）认为，职位分析是获得和工作有关信息的程序。其实，职位分析是研究人的工作，确认组织结构和职位分工的途径，通过职位分析来帮助组织确定员工工作量的饱和程度以及分工的合理性，从而减少工作间的无效交叉和推诿扯皮的情况发生。

心理学家麦克考密克（E. J. McCormick）经过长期研究提出了职位分析问卷法，这被现代管理学认为是标准的职位分析手段。这份问卷中包括人员和工作两个变量，罗列了职位标准化的知识与技能，得到了广泛应用。众多的理论方法都在指引着人力资源从更加客观、真实的角度去分析职位，并形成了基于"6W1H"的分析模型。

Who（谁能做？）职位分析的工作是由人力资源部门和业务部门负责人一起来进行的，主要需要界定要找什么样的人来做，谁可以胜任。这是职位分析要解决的首要问题。

What（工作内容是什么？）职位分析的是具体的工作职责范围，需要明确的是工作内容的边界及相应的权限。一方面要输出内容，另一方面要输出标准。

Where（工作环境是怎样的？） 很多职位是基于特殊的工作环境的，针对不同工种的不同环境要求，以及可能会出现的风险危害要做提前的预估和说明。

When（时间安排是怎样的？） 对于职位所需要的工作时长，以及工作任务下达后所需要加班或付出其他时间的情况，要有明确的说明。

Why（为什么要做这项工作？） 设定职位的目的、导向以及诉求。说明职位在组织中的重要性以及与其他岗位之间的匹配关系等。

For Whom（为谁工作？） 职位的指令从哪里来？反馈到哪里去？为谁提供决策依据？这些都是职位的上下级应说明的对应关系。

How（如何完成工作？） 职位最终要达成的工作成果以及所需要的工作流程、关键节点、制度支持、需备案的相关材料等。

职位分析的目的是帮助人力资源从业者厘清职位中的关键要素，深入思考并应用通过分析得到的价值信息。我们通常会将职位所需要的能力要求、责任和权利、任职资格、激励和约束机制等内容应用于未来的人员甄选、晋升、人才培养、绩效考核指标设定、薪酬激励方向等，最终实现组织的协调发展。

职位分析的方法也有很多种，通常在组织中我们都是将多种方式结合应用的（表 2-5）。

表 2-5　职位分析法

职位分析方法	适用场景
观察法	简单、重复性的体力劳动
访谈法	大部分工作均可
问卷调查法	除简单、重复性体力劳动之外的工作均可
工作日志法	某些单一的、重要的、非重复性的工作
文献分析法	收集信息所用

　　每种方法都有它的优缺点和局限性，因此在实际应用场景中，我们更需要找到合适的方法来进行有效的组合。通常在综合性企业中，我们最简便的方式是问卷调查法加访谈法，这两种方法可以进行有效的互补，一方面通过问卷调研的形式可以最大限度地将职位分析应用到每个岗位，同时保证高效、便捷；另一方面访谈的形式可以使人力资源从业者与员工面对面地了解岗位真实的情况，并结合访谈中提出的诉求给予指导性的解读。

　　职位分析工作最终会体现在多种形式上，最常见的是职位说明书和岗位价值评估，在后面的章节中我们会做详细的讲解。

二、挑战自驱力：回归职位描述

　　职位分析是为了明确职责范围及各种关键要素的内部关联关系，最终将职位分析书呈现给员工，并且成为组织内部约束文件的载体。职位说明书作为组织内部管理的重要文件呈现方式，对组织内部各职位的工作任务、职责、权限、关系、资格和环境等做出了明确的规定。

　　职位说明书就是基于适合的职位分析方法，收集所需要的各种资料，通过梳理、研讨、分析、判断形成的书面职位分析成果。市面上关于职位说明书的模板多种多样，可简可繁，但只要能达成组织的目标和要求就是最佳职位说明书。本书提供的这个版本算是较为详细的，仅供大家参考（表2-6）。我们以人力资源管理岗作为案例，来更好地理解职位说明书的要素特点和撰写要点。

表 2-6　职位说明书示例

岗位名称	人力资源管理岗	岗位编号	ZHGLB03
所属部门	综合管理部	编制日期	2022 年 10 月
岗位编制者	综合管理部	岗位审定者	总经理

岗位目的	根据企业的战略决策、经营环境和公司的业务规划，组织制定、完善公司的人力资源管理制度和各项管理政策，并监控实施。推进公司的管理进步，创造良好的企业文化氛围，做好公司的人力资源开发工作，保障公司后续人才培养梯队的建设。

岗位指挥汇报关系	经理 副经理 人力资源管理岗　企业管理岗　行政管理岗　党群工作岗　档案管理岗　后勤管理岗　信息化管理岗

		职责与工作任务		输出成果
职责一		职责表述：人力资源规划与组织建设		《人力资源盘点方案》《人力资源状况分析报告》《人力资源规划报告》《人力资源管理规章制度》
	工作内容	负责制定符合公司发展战略的人力资源规划		
		负责公司机构、管理架构及岗位设计，组织各部门进行工作分析及岗位说明书的编写		
		负责公司人力资源管理制度的制定及监督执行		
职责二		职责表述：招聘与培训管理		《人才市场调研分析报告》《年度招聘编制计划》
	工作内容	负责制定人员招聘的管理制度和流程，结合业务发展实际情况，拟订年度招聘计划，按计划和流程来组织、实施招聘工作		
		负责公司的系统培训及人才开发工作，制订年度培训计划和方案，并按计划来组织、实施各项培训，指导及监督所属公司的各项培训工作		

续表

职责与工作任务			输出成果
职责三	职责表述：薪酬与绩效管理		《薪酬制度及管理办法》《市场薪酬数据调研报告》《薪酬分析表》
	工作内容	负责公司系统薪酬福利政策的制定，负责制定公司薪酬体系，负责编制年度工资、福利计划，负责制作各项薪资方案并适时调整及完善	
		负责公司总部员工工资、奖金的编制发放	
		负责公司系统内编制薪酬、福利、商业保险的预算管理，统计、分析人力资源成本管理	
		负责制定公司的绩效考核管理制度，定期组织绩效考核工作，提出绩效考核奖惩措施	
职责四	职责表述：人事服务管理		《员工手册》《考勤表》《离职移交清单》
	工作内容	负责员工社会保障事务的办理，准确及时地完成员工社会保险和住房公积金的汇缴	
		负责福利制度的执行，员工劳动考勤管理及休假管理，办理员工医药费报销	
		负责员工入职、调动、离职手续的办理；督导劳动合同的签订、变更、终止、延续；依据相关规定督导办理员工的调配、任免和职称评定工作	
		负责劳动保护管理，督导办理员工退休、病退及工伤评残等工作	
		负责处理劳资关系、员工人事档案管理及人事劳动统计工作	
		负责各类人事服务、人事业务申报、人事管理工作，进行各类人力资源咨询服务机构的选择	
		负责对接控股人力资源的相关工作，并对下属公司的人力资源业务提供支持及监督	
职责五	职责表述：其他工作		
	工作内容	上级领导安排的其他临时性工作	

续表

权力
（1）人员招聘的筛选权
（2）招聘面试的建议权
（3）培训计划制订与实施的建议权、培训机构的选择建议权
（4）对公司各部门、各直属企业的考核评价建议权
（5）公司总部员工薪酬调整的建议权

工作协作关系	
内部协调关系	上级公司相关部门、公司总部其他部门、公司所属企业及员工
外部协调关系	人才市场、高等院校、猎头服务机构、培训服务机构、人力资源与社会保障局、社保中心等

任职资格	
学历	本科及以上学历
专业	人力资源管理等相关专业
工作经验	相关岗位本科学历需五年以上工作经历，硕士学历需三年以上工作经历
技能	具有良好的待人接物能力，沟通协调能力，优秀的表达能力、沟通能力；对现代企业人力资源管理模式有系统的了解和实践经验积累，对人力资源管理招聘、培训模块有较深入的认识，熟知各种面试方法和技巧，熟悉培训市场，能与培训供应商建立和保持联系，熟悉内部培训和外部培训的组织作业流程，对年度培训规划有一定经验；熟练使用办公软件
职称	建议中级经济师（人力资源方向）

要素一：岗位名称及关键信息

作为职位说明书的核心要素，基础信息一定要完整。首先，要明确岗位名称，名称的设计并不是好听、顺口就可以了，而是要既能包含岗位职责范围，又能提炼成一个精简的名称来作为岗位概述；然后，要对岗位进行编号，职位说明书众多，要想快速从中找到相关的岗位就需要明确编号规则，按照部门、岗位、职级顺序来逐一编号以方便后期查找；最后，明确岗位所属部门、编制时间、编制者和审批者，目的是根据岗位和时间的需要做及时调整，同时了解最初编制的相关责任人，方便后期做调整时的沟通与确认。

要素二：岗位目的

岗位目的是设置岗位的关键，也是岗位价值的体现。通常在目的层面我们会根据公司的整体要求、对此岗位的定位，以及对岗位未来的期待有相应的描述，通过描述可以让岗位任职者了解岗位的重要性和工作方向。

要素三：指挥汇报关系

指挥汇报关系的描述要明确岗位对上和对下的相应工作管辖范围和权利责任等。了解工作关系才能帮助岗位任职者更好地完成上传下达以及执行的工作。同时，我们也可以通过汇报关系看出岗位的晋升路线及所需的条件，让岗位任职者了解自己的发展路径。

要素四：工作职责与工作描述

工作职责与工作描述是职位说明书中最为核心的部分。它先要划分清楚工作职责。工作职责是对于相应岗位的主要工作要点的提炼，以及核心工作范围和承担的责任。

其次要划分清楚工作内容。工作内容是对工作职责的细化描述与拆解。着重描述的是岗位所产出的最终结果，以及要实现最终结果所需要实施的具体活动，包含完成工作所需要的时间、成本、质量要求等。

要素五：输出成果

输出成果是职位说明书的加分项，因为通常我们只关注岗位应该做什么，以及做这件事的节点和质量等要求，但是我们很少关注最终岗位是要提供可视化的成果，并最终变成标准化的文件作为后期应用的材料。因此，在职位说明书中提供输出成果的要求，会让岗位责任人去思考工作的路径和方法，以及可以提供的成果难度和需要为之付出的努力。

要素六：权力

工作权力是为了保证此岗位可以正常开展工作，必须要赋予员工与工作职责相关联的权力。此处的权力更多的是在组织中处理与人、财、物相关的支配权、建议权、选择权、财权和决策权。权力的描述一定要与该岗位的"责–权–利"形成三位一体的对等关系，这样才能实现岗位价值的最大化。

要素七：工作协作关系

通常我们将工作协作关系分为对内和对外两种关系模式。内部协调关系我们通常理解为存在于公司内部，包含上下级管理单位以及分、子公司间的协调关系。外部协调关系我们通常认定为是与此岗位工作有关联度的外部机构、政府部门、服务商、供应商等之间的协调关系。

要素八：任职资格

任职资格一般反映的是任职者从事此岗位应该具备的相关资格及要求，包含但不限于学历、专业、工作经验、技能和职称等相关要素。任职资格的重要作用在于可以反映任职者所具备的基础特征，同时也可以作为后续人员甄选、晋升、任用、调配等工作的基础。任职资格只作为完成该工作的基本要求，只有达到后才能证明员工有能力完成相关的工作。

三、赋能智慧员工：描绘职位图谱

企业在发展进阶的过程中会有很多宏伟的蓝图需要绘制。大到企业的战略图谱，小到组织人才发展的学习图谱，但是很多企业却忽视了关系到内部员工职位晋升的职位图谱。职位图谱想要解决的问题是员工在企业中任职的全生命周期里，能否根据自身能力的提升、经验的提升等获得相应的职位晋升和薪酬提升。

晋升是企业最主要的激励手段之一，晋升也是个人获得自我满足感和迎合社会期许的必然产物。因为员工在工作了一定时间后都自然会有晋升的诉求，所以科学的职位晋升体系至关重要。

职位图谱是指员工通过自身经验的积累和能力的提升，从低级别岗位晋升到高级别岗位的职位晋升路径，也是员工达到自身职业目标、实现职业理想的主要途径。在职位图谱中有一些关键要素需要梳理清楚，只有这样我们才能帮助企业更好地建立图谱模型，为员工的晋升罢黜做出支持和提供依据。我们一起来看一下职位图谱的示例（图 2-14）。

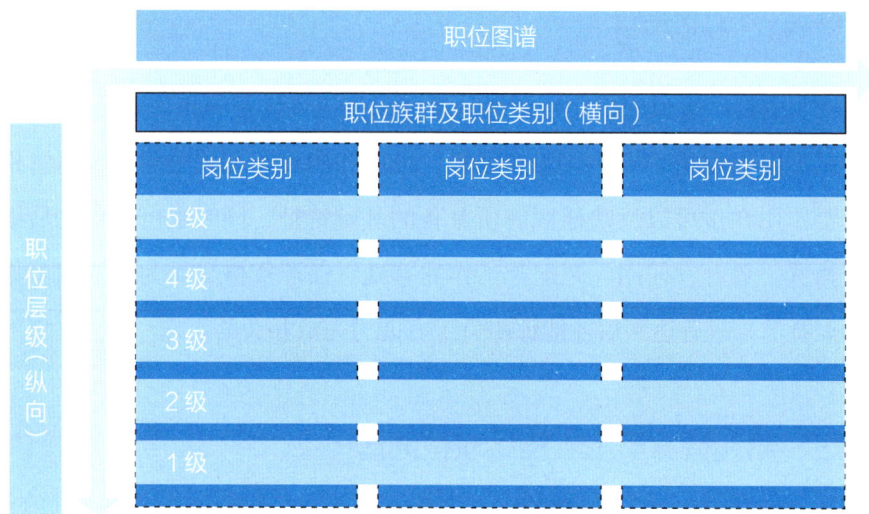

图 2-14　职位图谱

横向要素：职位族群及职位类别

职位族群是根据工作内容、任职资格或者工作性质等具备一定相似的特性而划分为同一组的职位。职位类别是对职位族群的细分，在相同的职位族群中具有相同或者相似的工作职责或者任职资格的职位都可以划分为同一类的职位。

通常我们在职位族群中会设置管理职位族、生产职位族、营销职位族等。在职位类别中会根据营销职位族设置的要求再划分为销售类、客服类、市场类等。

纵向要素：职位层级

职位层级是根据职位的任职资格、胜任能力等要素来评定的，通常一个岗位下会设置多个层级以实现岗位的晋升。对于普通岗位，我们通常会设置助理级、专员级、主管级、经理级等层级（表 2-7）。

表2-7 ××公司职位分层 职位分层

职位族图	职位层级	5	4	3	2	1
操作族	操作				二级	一级
专业族	质量管理		主任工程师	高级工程师	工程师	助理工程师
	项目管理	专家	项目专家	高级工程师	项目经理	项目助理
	运营管理		资深专员	高级专员	专员	助理
	信息技术		主任工程师	高级工程师	工程师	助理工程师
	财经		资深专员	高级专员	专员	助理
	行政		资深专员	高级专员	专员	助理
	法务		资深专员	高级专员	专员	助理
	人力资源		资深专员	高级专员	专员	助理
营销族	销售支持类		资深专员	高级专员	专员	助理
	市场推广类	专家	营销专家	营销总监	营销经理	营销助理
	营销策划类		主任工程师	高级工程师	工程师	助理工程师
	客服类		主任工程师	高级工程师	工程师	助理工程师
	销售类	专家	销售专家	销售总监	销售经理	销售助理
供应链族	订单管理类		主任工程师	高级工程师	工程师	助理工程师
	物流类		主任工程师	高级工程师	工程师	助理工程师
	采购类		主任工程师	高级工程师	工程师	助理工程师
	计划类		主任工程师	高级工程师	工程师	助理工程师
技术族	技术管理	专家	主任工程师	高级工程师	工程师	助理工程师
	测试		主任工程师	高级工程师	工程师	助理工程师
	结构设计		主任工程师	高级工程师	工程师	助理工程师
	硬件设计	专家	主任工程师	高级工程师	工程师	助理工程师
	软件设计	专家	主任工程师	高级工程师	工程师	助理工程师
产品族	产品管理类	首席产品专家	产品专家	产品总监	产品经理	产品助理
管理族	管理类	副总裁	总监	经理		

同时，众多企业实际操作过程中也在逐步简化职位的划分方式，改为按照专业方向来划分，按照部门来划分岗位职级，这样的方式更直观地对应到组织结构中，也方便员工参考。此外引入双通道设置，实现岗位的横向跨级晋升（表 2-8）。

表 2-8　岗位横向跨级晋升

专业序列职级	管理序列职级	各部门职位图谱							
		投资管理部	项目管理部	房产经营事业部	信息技术部	合规风控（风险管控部）	财务资金（计划财务部）	综合管理（综合办公室）	人力资源（组织人事部）
总监	—	投资总监	工程项目总监	招商运营项目总监	信息化项目总监	风控总监	财务总监	综合管理总监	人力资源总监
—	部长	投资管理部部长	项目管理部部长	房产经营事业部部长	信息技术部部长	风险管控部部长	计划财务部部长	综合办公室主任	组织人事部部长
—	副部长	投资管理部副部长	项目管理部副部长	房产经营事业部副部长	信息技术部副部长	风险管控部副部长	计划财务部副部长	综合办公室副主任	组织人事部副部长
高级经理	—	投资业务高级经理	工程项目高级经理	招商运营高级经理	信息技术高级经理	风控高级经理	外派财务高级经理融资管理高级经理	综合管理高级经理	组织人事高级经理
经理 主管 高级专员 专员	— — — —	投资管理岗（投资管理＋投资分析）战略规划岗产权管理岗	项目管理岗安全质量岗	招商运营岗物业管理岗	信息技术岗	风险管理岗法务岗审计岗	外派财务管理岗资金管理岗融资管理岗计划分析岗核算管理岗出纳	行政管理岗公司治理岗综合协调岗	招聘与干部员工管理岗培训与工会群团管理岗

职级序列设置中按照双通道模式进行设计，形成管理序列与专业序列并行的模式。这一模式的应用可以确保专业技术人员发展通道的畅通，在他们完成一定工作年限和工作经验的积累之后，也有一部分员工是并不适合或者没有意愿转到管理岗位上的，那么对于那些愿意继续从事技术工作

的员工我们将鼓励他们按照专业技术序列的晋升标准来完成晋升。

同时，横向通道上面要按照部门来进行设置，部门与岗位进行了纵向的整合，员工在部门内部可以看到自身晋升通道，同时如果员工想完成跨部门或者多维度发展也可以在其他部门寻找同级别的工作机会。双通道的模式以及部门分类的职位图谱会更有益于实现组织的良性循环和发展。

在众多的数据调研中，我们也发现员工对于组织的期待更多的是源于组织对他的赋能，因此能否让员工变得更优秀，变得更有动力，这是组织应该思考的问题。晋升只是一种手段，可以协助组织完成赋能的工作，但是赋能这件事任重而道远，依然要靠组织管理者从心出发，找到最优的解决途径，多角度、多形式地赋能员工和组织。

小　结

组织设计一直都是人力资源从业者的必修课，却也是很多人力资源从业者都会忽略的一门课。当人力资源从业者可以从事务性的工作中跳出来，重新思考"人力资源"这四个字背后的价值和期待时，就可以找到新的使命。组织设计能够让人力资源工作变得更贴合战略需要，也更匹配组织发展，这将是每个人力资源从业者的责任和未来。站在组织变革时代的舞台上，人力资源从业者都将学会仰望星空，脚踏实地，让战略之光照耀在组织的蓝图中。

第三章

人力资源管理转型实操之人才培养

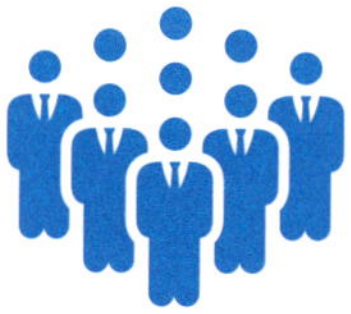

培训管理作为人力资源管理的重要分支之一，在国外已经有400多年的经验积累。培训理论最早出现在1911年科学管理之父弗雷德里克·泰勒（Frederick Taylor）发表的《科学管理原理》中，它的第二大原则是企业应该科学挑选员工，并对他们进行教育、培训，这反映了企业绩效受到严格挑选员工和科学培训的正向影响。《麦肯锡季刊》（*Mckinsey Quarterly*）1997年发表了一篇论文，在当时被誉为开创性论文，题目为《人才争夺战》。该论文的主旨是企业需要参与到人才竞争中去。当时，由于互联网经济泡沫的破灭和全球经济形势出现衰退等状况的发生，导致人才竞争规模缩小和速度明显降低，但人才管理的概念却因当时的环境变化而应运而生。

　　在企业组织中对于人才管理问题的日趋关注，使得企业对发展过程当中培训的要求也在逐步提高。培训管理是组织人力资源管理中的重要模块，也是不可或缺的一部分。培训管理是组织开发的增加员工的知识、提升员工的技能、改善员工的行为或态度的管理方式，进而帮助参与培训的学员完成为了实现组织目标而进行的学习和提高的过程。

　　自20世纪60年代起，国外的企业和组织不断在增加培训费用，以获得组织绩效的提升。在美国，企业每年会花费约300亿美元在员工培训上。培训费用的投入增加意味着企业正在改变培训的理念。在20世纪60年代，对于培训管理的理论研究已经蓬勃发展起来。从原来的行为方式改变理论，到培训需求分析理论，到培训效果评估理论，再到终身培训理论等，专家学者从不同的角度丰富了现代培训管理理论。

　　作为人力资源从业者，我们只有协助企业建立正确的人才观，才能真正地获得人才。而获得人才有很多的路径，我们一起从学习地图开始找到每个员工闪闪发光的点，让学习型组织文化变成星星之火，用燎原之势助力组织发展。

学习地图直抵组织"心脏"

▲

学习地图（learning maps）源于学习路径图（learning paths）。美国通用汽车的全球学习顾问史蒂夫·罗森伯姆（Steve Rosenbohm）和印度学习顾问吉姆·威廉姆斯（Jim Williams）于 1993 年在摩托罗拉、通用电气、通用汽车管理实践基础上共同建立了学习路径图方法论，完成了系统概念构建并开始实施咨询项目。它在特定目标下以员工职业技能发展为中心，开发了一系列的学习活动。因此，学习地图系统理论是基于能力模型对学习路径图的完善与应用，最早的能力模型是哈佛大学心理学家麦克里兰博士（Dr. McClelland）接受邀请，帮助美国国务院设计的有效选拔和培训外交官的方法。

学习地图是指以企业战略目标为依托，以能力发展路径和职业规划为主线设计的一系列学习活动，是员工在企业内学习发展路径的直接体现。因此，学习地图能够有效地提升员工的学习发展能力，促进员工从被动培训向主动学习转变。

学习地图的重要性主要体现在它成了撬动组织重要因素——"人"——的杠杆，组织的发展离不开人效的提升，而人效的提升并不是每个员工与生俱来的特质，通常都需要组织去进行引导、培养、激励才能实现。我们将学习地图看作人体的造血功能，只有学习地图的更迭创新才能保证组织血液的良性循环。这就是组织的"心脏"，学习地图就是从"心脏"奔流而出的主动脉血液，让组织活力满满，可以应对一切外在的冲击。

一、高效组织"适配器"：达成人岗匹配目标

学习地图的构建不是一蹴而就的，更不是把课程、学员、师资都匹配在一起就能够形成的。学习地图的设计需要一个逐级递进的过程，需要从岗位开始设计，逐步完成能力模型的建立和学习地图体系的建立。将岗位作为学习地图设计的第一步，原因还要从前面我们提到过的组织结构说起。在组织的组成元素中，执行战略落地的是各个岗位，一个组织的能动性完全取决于岗位的能动性，那么人岗匹配就是创造岗位能动性的最大价值点。

人员与岗位的匹配就像组织的"适配器"一样，一定要调试到一个最优匹配状态。要达成一个"人适其事，事得其人"的目标，一定是由人去匹配岗位，以岗定人。但很多企业，尤其是初创型企业会犯的错误是以人定岗，即根据人能干什么就让他去干什么，没有站在组织整体发展的角度去看待每个岗位为组织创造的价值。人岗匹配的前提是有明确的职位分析过程，这个我们在前面章节中已经做过讲解，本章要解决的是如何把人放到合适的岗位上去，有两个最佳途径可以实现这个目标（图 3-1）。

岗位任职资格　　人岗匹配　　岗位素质测评

图 3-1　把合适的人放在合适的岗位上的两个最佳途径

1. 岗位任职资格

在前面的职位分析部分我们已经阐述过关于岗位任职资格的撰写要求等，因此现在我们把重点放在辨别员工是否与岗位任职资格相匹配的维度。

一般我们把人与岗位任职资格去做匹配有以下几种情景：新员工甄选、老员工晋升、调岗、转岗等。这些环节对于任职资格的匹配度要求其实是完全不同的。

我们都希望员工的能力高于岗位任职资格要求的能力，同时期待的薪资还比我们预期的低，但是这种情况太千载难逢了。我们面临最多的是人员的资格、能力不够，但是薪酬要求一点都没有降低的普遍情况，这时候我们到底用不用这个员工呢？答案是不一定。

如何确认是否用这个员工？需要完成两个动作。第一，我们要分析的是员工与岗位资格、能力的差距点是不是关键点。如果我们招聘一个销售人员，岗位的要求是 3 年以上相关工作经验、本科以上学历、擅长人际沟通与交流，以及具备销售技巧。这时候来了一位硕士学位且有工作 5 年的应聘者，在面试环节中你发现她不太爱说话，不喜欢表达，面试沟通中问及她过去工作中最不开心的事是与客户沟通中碰到客户的负面反驳，她表现得很不知所措。这时候我们看到任职资格中有两项应聘者都达到了要求，但是我们依然不会录用她。原因是这个岗位最重要的就是创造业绩，与客户沟通并获得客户的认可，所以沟通能力、抗压能力是这个岗位的必备能力。

第二，分析员工与岗位任职资格中的差距点是否可以通过培养而获得提升。笔者曾经碰到过这样的一个真实案例，我在给一家保险公司服务的过程中，发现他们的员工晋升都是依据业绩数据排名来进行的。但是对于管理岗位一定会有相应的其他任职要求，当时这家保险公司管理岗位的任职要求中就有一项是熟练使用 Office 等办公软件。碰巧有一位老员工，她是一位将近 50 岁的女士，无论是客户还是同事都热情地叫她王姐。王姐业绩好、同事关系好、客户满意度高，带的徒弟也是各个业绩都非常好。但是晋升的时候发生了这样的尴尬——王姐不会使用电脑，之前所有的保单和操作都是由部门里其他的年轻员工主动来帮她完成的。这时候要不要给王姐晋升团队管理者呢？我们会发现不会使用电脑这个技能是可以通过培训来解决的，而且还是可以快速解决的。那么这种对于关键点影响不大，并且可以通过培训来获得提升的任职要求，我们就要视情况做出变通。

2.岗位素质测评

测评手段现在成了选人阶段重要的依托，很多公司对于应聘者面试过程中的表象总是心有疑虑，希望通过测评手段来验证冰山以下部分的实际情况。分析员工的性格特征、兴趣偏好、人格优势，将它们与工作岗位对人才的需求（包括知识、素质、性格和能力）进行一致性的匹配，当这个匹配度较高时，就是人岗匹配的最佳情况。

目前市面上所进行的关于人岗匹配的测评系统纷繁复杂，有霍兰德职业兴趣测试、通用人职匹配测试（RCCP）、MBTI职业性格测试、大五人格测试、九型人格测试，等等，它们都是通过冰山以下部分的隐藏特质来判断与职业发展需要的匹配程度。同时，现在也有越来越多的企业采用人工智能人职匹配系统，通过在建立搜寻、关键要素比对、胜任能力比对等方面提供的信息来判断人职匹配的结果。这些都是从技术层面获得的支持，但是素质测评并不是万能的，人毕竟是种复杂的生物，通过测评只能完成较高准确度的判断，并不能作为唯一的判断标准。因此，在企业中我们建议将测评作为手段而不是目的，我们的目标是找到合适的人，那么对测评的结果来做纠偏与验证就变得更加重要了。

在企业的实际应用过程中，我们采用了"素质测评＋结构化面试"的方式来进行结果的调配和修正，使准确度和效度层面都更完整。人岗匹配的目标是通过多种途径的考查，最终为岗位选择最优人才。

让我们通过不同的测评成果示例和面试操作角度来分析在成果应用层面的操作方法（表3-1）。

表 3-1　择优评选表

	能力维度	维度描述
计划	战略理解与执行	准确理解企业战略，并将战略内容推行和落实到日常工作中的能力
	目标设置	设定工作目标时，善于制定较适宜、明确和具有可接受性的目标的能力
	规划安排	在管理工作中对工作计划的实施进行统筹安排和决策分析的能力
	时间管理	合理地安排和有效利用时间，并善于把握时机，保持严格的时限观念的能力
组织	任务分配	管理活动中明确而有针对性地分配任务的能力
	授权管理	管理活动中处理授权和责任的关系以及协调各方面工作关系的能力
	团队管理	合理配置人员，并能够在团队中进行有效的信息共享和主动协调、解决冲突的能力
领导	决策判断	管理中分析和判断的能力，包括所做决策判断的正确性和应变性
	激励推动	激励员工工作积极性和推动自我发展的能力
	培养下属	管理中适当主动地指导下属工作，并帮助下属学习与进步的能力
	沟通协调	与他人进行言语、文字沟通，收集和利用信息，并进行工作协调的能力
	关系管理	建立广泛的人际关系，与他人友好相处的能力
控制	检查反馈	管理中有效处理上下级之间信息交流反馈和工作中出现各类问题的能力
	应变调控	处理管理中各种问题的适应能力和应变能力
	绩效管理	管理者帮助员工制定绩效发展目标、实现绩效目标以及对绩效进行考核的能力

我们首先通过测评系统可以得出企业所需维度的测评数据，维度的选择是人力资源从业者要关注的关键点。通常我们会对岗位任职资格要求中的关键能力进行测评，目的是希望通过客观的评价得出一个相对真实的成果。对于每个维度具体的描述将成为我们是否采纳这个维度作为考核人员的依据。我们后期将通过测评系统来进行相关的测评工作，其出具的测评结果对于人力资源从业者来说是匹配人员的关键依据。

在测评结果出具的时候，会显示有两个数据：一个数据是被测评人自己的得分，是被测评人通过答题后经过测评系统的演算而得出的相关分数；另一个数据是测评机构给出的平均数据，有全国平均数据或者某城市的平均数据、某岗位的平均数据等。两个数据的对比可以更加直观地看到被测评人的优劣势。以图 3-2 为例，全国的平均分是 5.5 分，我们通常将它视为基准值，若被测评人低于该基准值的得分将被认定为在此维度上与全国的平均水平有差距，其中最低分的维度会被视为被测评人的关键劣势。相反，还有高于基准值的各维度得分，最高分也会被视为被测评人的关键优势。

从第一步测评结果的应用角度，我们可以根据得分来进行优劣势判断，对于关键劣势进行分析，这一项是否是此岗位任职资格中所要求的关键项，是否可以被培养，然后再来决定人员的匹配问题。关键优势也同样需要进行分析，是否具备将优势放大或者应用的场景，让能力强的人能拥有更好的平台（图 3-2）。

第二步就是在有测评数据结果的前提下，判断数据的真实性或者准确性。很多的测评如果曾经被测过多次，其实是能够找到答题规律或者企业导向的，那么这给后面的人岗匹配工作带来了很大的风险。作为人力资源从业者能做的就是对测评数据结果进行纠偏和验证。我们一般采用的是非结构面试的方式，依据测评数据结果对有偏差的项目进行特定的问询。对于分值过高或者过低的项目我们都需要进行验证，如果与判断不符，我们将根据面试判断结果来修订测评数据。

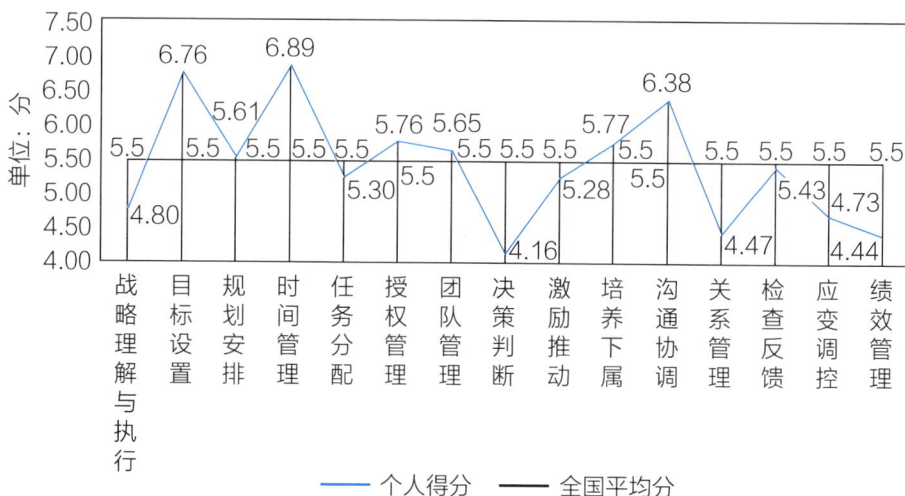

图 3-2 测评结果

第三步也是最后一步就是要把合适的人放到合适的岗位上去，同时也对所有参与测评的人员进行划分，了解其未来的潜能在哪里，为组织未来的人才池搭建提供支持。当人员与岗位之间产生了正向链接，组织的学习地图就有了真正的意义。

二、敏捷反应"快准狠"：快速搭建胜任力模型

人才培养的重头戏一直都是定制化，不是大而全、包学包会的万能药。想要实现人才培养的定制化，就要掌握胜任力模型搭建的秘密武器。一方面，胜任力模型的搭建对人岗匹配工作起到了支持作用；另一方面，胜任力模型的搭建也将使员工找到自己的内生价值。面对瞬息万变的商业环境和竞争态势，敏捷把握先机，做出快准狠反应的组织才是最具竞争力的组织。

　　胜任力这一概念的提出并将这一概念运用到实践当中的是哈佛大学教授戴维·麦克利兰，他在 1973 年选择以工作绩效优异者和绩效一般者为研究对象，研究可以区分这两者之间的深层次特征，这些特征包括内在特质、某方面的技能，以及外在形象等方面，这些就是可以称为胜任力的因素。胜任力模型（competence model）就是由针对特定职位表现优异的要素组合而成的胜任力结构，是一系列人力资源管理与开发实践（如工作分析、招聘、选拔、培训与开发、绩效管理等）的重要基础。麦克利兰认为胜任力模型是"一组相关的知识、态度和技能，它们影响个人工作的主要部分，与工作绩效相关，能够用可靠的标准进行测量，并且通过培训和开发可以得到改善"。

　　我们先分别看两个在胜任力模型搭建中很常见的模型，冰山模型（图 3-3）和洋葱模型（图 3-4），由此来揭开胜任力模型的神秘面纱。

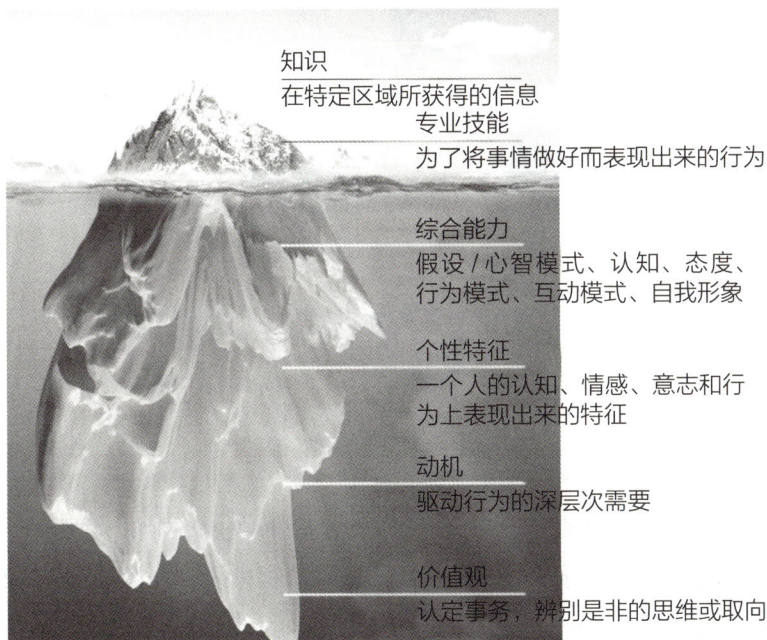

知识
在特定区域所获得的信息
专业技能
为了将事情做好而表现出来的行为

综合能力
假设 / 心智模式、认知、态度、行为模式、互动模式、自我形象

个性特征
一个人的认知、情感、意志和行为上表现出来的特征

动机
驱动行为的深层次需要

价值观
认定事务，辨别是非的思维或取向

图 3-3　冰山模型

1993 年，美国学者莱尔·M. 斯潘塞（Lyle M. Spencer）和塞尼·M. 斯潘塞（Signe M. Spencer）从特征的角度提出了"冰山模型"，这也是目前市面上应用最多的冰山模型的初始状态。素质冰山模型把个体素质形象地描述为漂浮在海平面上的冰山，将人才个体素质的不同表现划分为"海平面以上部分"和潜藏的"海平面以下部分"。其中，"海平面以上部分"是外显的，包括知识、技能；"海平面以下部分"则是内在的，包括社会角色、自我形象、特质和动机。

海平面以上的部分通常是可以通过教育、训练、培养等方式来获得改变和提升的，相反，海平面以下的部分则不易受到外界因素的影响和干扰，但会对一个人的行为或者工作价值观产生影响，也是人才发展的核心组成部分。

图 3-4　洋葱模型

1982 年，美国知名学者 R. 博亚特兹（Richard Boyatzis）在麦克利兰的胜任力理论基础上进行了深入研究后，进一步提出了"洋葱模型"。他非常形象地利用洋葱从里到外层层包裹的特性，来代表不同层次的胜任力因素。

洋葱模型也是从内向外分别为动机／特质、自我形象、社会角色、知识、技能，其中最核心的是动机／特质。洋葱模型中各素质要素的习得是从内向外、从难到易的。

胜任力模型（Competency Model）则是根据不同的组织需要和不同的岗位需要，制定出符合自身工作内容和发展水平的胜任力要素，并将个体在特定情境中所产生的优秀素质特征集合而成的。

不同的胜任力模型的搭建归根结底都是为了达成人岗匹配的目标，而这只是完成把人"放进来"的第一步，如果想让员工在能力、意愿上都与组织高度匹配，那么搭建属于自己组织的胜任力模型就很重要。未来组织的人力资源规划、人才甄选、绩效管理、培训管理、人才盘点都离不开胜任力模型的应用。

而建立胜任力模型在人力资源管理咨询的专业线中属于非常庞大且复杂的体系，很多世界五百强企业都是历经多年的总结、提炼、积累和应用才形成了自身的胜任力模型。而对于很多处于初创期、发展期的企业，要找外部公司去构建一个胜任力模型无论从时间上还是从经费上都是难上加难。这就需要我们运用更加简单、有效且低成本的方式去构建符合当下需求的胜任力模型。接下来笔者将介绍两个在企业中运用较多的胜任力模型搭建微方法，顾名思义就是小巧而简单易学的方法。

方法一：归纳总结法

归纳总结是通过访谈调研，将目标群里中的绩优表现者与其他人员特质进行对比，提炼、总结、归纳出组织实际需要的素质要素，并形成胜任力模型的方式。这种方式在当时麦克利兰研究模型时就已经开始应用，目前仍是进行专业建模的主流方法之一。在归纳总结法中，我们会应用到诸如行为事件访谈法、焦点小组访谈法、问卷调研法、数据统计分析及情景分析等方法。

在现在精简后的归纳总结法中，我们更关注的是绩优者和其他员工之间的特质差异，通过访谈、问卷等方式来做验证，最终得出建模依据（图 3-5）。

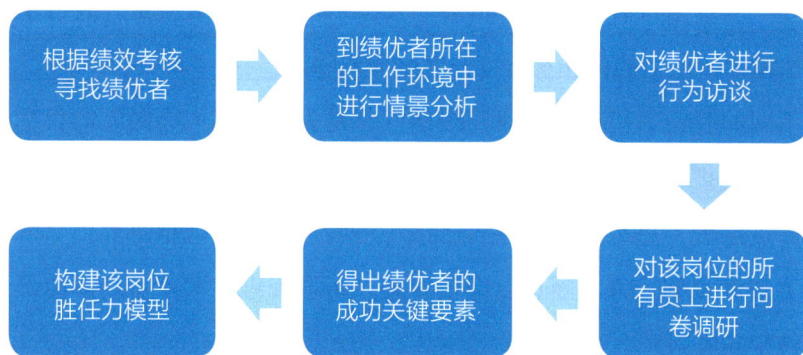

根据绩效考核寻找绩优者 → 到绩优者所在的工作环境中进行情景分析 → 对绩优者进行行为访谈

↓

构建该岗位胜任力模型 ← 得出绩优者的成功关键要素 ← 对该岗位的所有员工进行问卷调研

图 3-5　归纳总结法

归纳总结法更适用于企业人力资源从业者对相关方法较为熟悉，并且可以指导和协助各部门完成分析、访谈、调研等工作内容时。对于处于初创期的企业，找到标杆员工并通过归纳总结法可以快速判断出岗位胜任力的素质要素，更有利于未来对于人才的培养与发展。

方法二：团队共创法

团队共创法源于行动学习技术中的团队共创技术，通过行动学习中的引导技术，由企业人力资源或者外部专家来充当引导师，在整个团队共创的环节中引导所有参与者最终共创出完整的胜任力模型。这种方法能够更加快速、高效、简易地操作，并可以实现组织对胜任力素质要素的共识（图 3-6）。

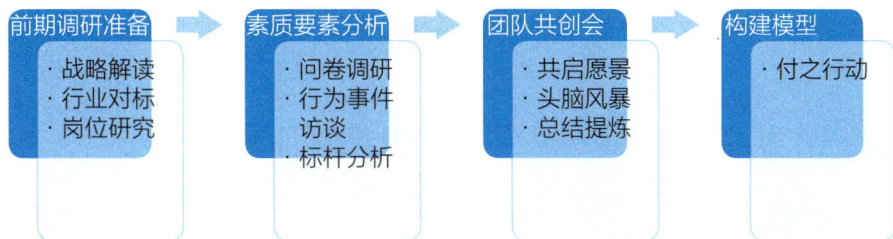

图 3-6　团队共创法

团队共创法的应用过程更像是组织自我总结和修炼的过程。团队应该针对一个岗位应有的素质进行研究、分析。这种方法在前期准备和要素分析阶段也依然采用了总结归纳法中的核心方法，但是最后的素质要素提炼则是通过团队共创会的形式来进行的，完成了先广泛收集再聚焦提炼的目的。在团队共创会中，前提条件是共启愿景，这要求每个参与到团队共创的人员都要与组织保持统一的目标，秉承着企业的文化指引和战略导向来做后面的头脑风暴。头脑风暴的过程是所有参与者根据前期核心要素的分析来提炼出自己的看法，然后在要素库中提取该岗位的最优胜任要素，并进行总结提炼的过程。

无论是运用何种方法，还是运用哪种模型，我们最终的目的都是提炼出胜任力模型并对模型加以应用。在人才的培养过程中，胜任力模型可以更加直观、高效地解决组织中人员能力断档、人岗匹配不足等问题。通过有效的能力对标，找到问题点后加以针对性地提升，就可以解决员工能力与岗位要求不匹配的问题。同时，我们也不能忽视在胜任力模型中提到过的冰山以下部分，虽然这部分是很难通过培养来实现的，但却是可以通过有效地引导、价值的感召和文化的传承来帮助企业完成员工素质的提升。只不过冰山以下部分的提升需要经历更多的可持续、可发展、循序渐进的过程。

胜任力模型是组织敏捷反应的根基，更是组织培养人才的基础，我们要快、准、狠地切中要点，高效解决组织问题，共建组织愿景。

三、学习地图"金钥匙"：分层分类搞训战

学习地图的重点在于地图的绘制，而地图的核心在于路径明确，我们可以通过地图的指引找到目的地。因此，设计学习地图的前提条件是完成了人岗匹配和胜任力建模，后面的内容将是学习地图设计的核心内容部分。设计一套路径明确、训战结合的内容体系是支撑学习地图更好应用的根本。

华为公司的培训机构于 2005 年正式注册成立，被喻为"中国企业的黄埔军校"，它为华为员工及客户提供了众多的培训课程，包括新员工入职培训、上岗培训和针对客户的相关培训内容。作为华为打造学习型组织的重要举措，它在学习地图设计层面也是根据不同的岗位和工作特质来进行定制化设计。比如，在培养项目经理的时候，就将此岗位分为初级、中级、高级项目经理三个层级，针对不同的层级又有不同能力的培养要求，除了专业能力之外，还会涉及"吃大苦，耐大劳，担大任"的培养，同时也会在课程中加入最具特色的案例教学法，通过总结相关行业的最佳实践结果和公司的成功经验，帮助员工实现全方位的能力提升。

建立一套针对胜任力模型的学习内容体系，并提供对应的学习内容、学习形式、学习计划和学习晋升路径，将有效降低员工的无效学习时间，提升学习培养后的投入产出比，积累、沉淀组织学习经验，最终实现学习地图的价值，为组织发展提供更多优秀的人员支撑。绘制学习地图的方法也有很多，从科学理论法到高效便捷的简易方法层出不穷。在为众多企业设计学习地图的时候，我们总结出了分层分类、训战结合的学习地图绘制方法（图 3-7）。

第一阶段 确定学习主体	第二阶段 确定学习内容	第三阶段 确定学习方式	第四阶段 确定学习效果
·战略与学习者的匹配度分析 ·学习者的基础调研 ·学习者的特性分析	·梳理岗位职责能力要素 ·解析岗位能力要求 ·构建岗位学习内容	·梳理岗位学习特性 ·选择岗位学习方式 ·建立岗位学习方式调整机制	·建立课后评估体系 ·建立课后学习者跟踪机制 ·建立课后学习效果转化机制

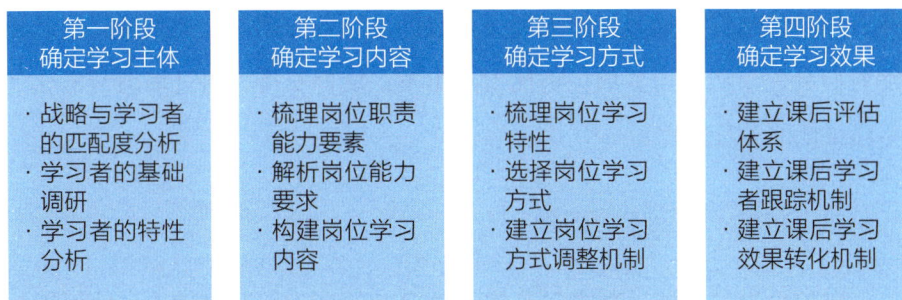

图 3-7　学习地图绘制法

第一阶段：确定学习主体

企业战略与学习者之间有着密不可分的关系，战略的落地靠的是学习者的执行。因此，学习地图的设计首先要锁定的是学习主体，即到底是为谁设计这套学习地图。依据源于战略，战略首先需要谁来落地，那么这个层级或者岗位就是我们的学习主体。一般企业会按照两个方面来进行学习者的选定，一是按照层级，分为基层、中层、高层，或者后备层、骨干层、核心层等；二是按照岗位重要性，分为管理岗位、营销岗位、技术岗位、生产岗位等。不同的层级与战略的匹配点是不同的，有的层级起到了战略引领的作用，有的层级则起到了战略支持的作用。根据不同学习主体对企业战略支撑的不同作用，我们要设计不同的学习路径和内容。

学习者的基础调研工作是有针对性地提供学习内容的前提条件。我们需要了解的基础资料包括学习者的性别、年龄、学历、职称、专业、工作年限、司龄、绩效成绩等。这些基础调研的作用是保证后面采用的学习内容和形式是符合人员特质的。

学习者的特质分析工作是了解学习者实际情况的重要途径。通常我们会将从胜任力模型中得出的胜任力要素作为特质分析的基础。规模和资金较为充裕的组织可以通过测评的方式来找到学习者在能力要素中的差距，并有针对性地进行培养。但大部分企业都不具备前期测评的条件，因此通常我们会建议从学习者的关键能力点出发，统筹安排，通过培训与考核等手段来反馈学习成效。

第二阶段：确定学习内容

梳理出岗位的能力要求，了解了学习者的基础情况和特质，就可以构建与学习者相适应的岗位学习内容。针对岗位中关键学习点的不同和学习者的水平不同，在构建学习内容的时候也需要匹配现有的学习资源、能力分级水平、层级学习要求等其他要素。

梳理岗位职责能力要素是构建学习内容的前提条件。我们一直都在倡导所有的培养都是基于企业战略的，在企业战略的指引下对岗位能力的要求才是组织培养的要点。岗位职责源于我们的职位描述，能力要素则源于职位描述中关于任职资格的描述。

解析岗位能力要求是在了解职责之后，我们对岗位能力点的判断。这就源于岗位的胜任力模型，模型中的要素点都是岗位能力要求，我们结合组织认为的重要紧急程度来对它们进行排列组合。我们也可以结合组织发展对不同学习者制定不同的能力培养课程内容。

构建岗位学习内容是内容要项中最为重要的环节。很多的人力资源从业者都会先从内容下手，于是"组织一堂课"就成了培养人的首要任务。其实不然，内容只是我们实现前面岗位能力关键点的呈现方式。通常，我们建议组织在构建内容阶段建立一套课程包体系，组织内的内训师不可能凭空拍脑门去设计课程，我们的课程包体系要经过严密的设计。

前期最为重要的工作就是三级调研工作，我们通过问卷调研、现场访谈、业务部门反馈等形式，对课程需求进行调研。三级是指我们对学习者的上级、下级、平级都要进行相关的调研。在很多企业中，我们经常会碰到学习者认为自己要学的内容并不是组织管理者迫切需要他们掌握的内容。我们要知道上级的期待、下级的诉求、平级的考量，才能够真正了解学习者应该具备的能力和技能。

第三阶段：确定学习方式

好的内容需要好的学习方式作为呈现才能显现价值。现在，很多人都会去思考大学时为什么总听不进去课的原因，我们发现，一味地输入知识并不是获取知识的最好方式。呈现形式的多样性也可以帮助学习者更好地掌握知识，获取技能，实现培训目标。

梳理岗位学习特性是有针对性地进行学习的最佳途径，它可以根据岗位特定的学习需求量身定制。比如，生产型企业通常一线岗位的工作安排都较为紧张，那么碎片化时间的学习和技能提升就很重要；服务型企业的一线岗位工作通常容易产生懈怠，那么定期定时的重复性学习和提升就很重要。

选择岗位学习方式是根据特定的学习内容来做出的选择，这个过程中需要人力资源从业者提供不同的学习方式。通常企业中不同岗位掌握知识、技能的方式都不一样。比如，生产一线的人员，最好运用 OJT（on job training）[1] 的学习方式，在干中学、学中干，只有这样才能真正掌握技能；后台支持部门的人员，最好运用"讲授 + 案例"的学习方式，在知识获取后通过案例的方式来做落地和应用，以便更好地掌握知识。

建立岗位学习方式调整机制更应关注同一个岗位在不同阶段的应用方式的不同，从而造成对学习效果的影响。调整机制的建立将会更强有力地推动学习的往复循环和迭代提升，让学习者变得喜欢学习，为构建学习型组织提供保障。

---

[1] OJT：在工作现场内，上司和技能娴熟的老员工对下属、普通员工和新员工们进行教育的一种培训方法。——编者注

第四阶段：确定学习效果

在培训过程中有一句笑谈，"培训转化率低是世界难题"，确实是这样。培训的最终效果就是知识和技能对绩效成果的转换程度，这就意味着没有效果的培训都是在做无用功。

建立课后评估体系是考查学习效果的首要手段。在学习效果评估层面，我们必须要提到一个培训管理模型"柯氏评估模型"。柯氏评估模型（Kirkpatrick Model）由国际著名学者、威斯康星大学（Wisconsin University）的唐纳德·L.柯克帕特里克（Donald L Kirkpatrick）教授于 1959 年提出，是世界上应用极其广泛的培训评估工具。唐纳德·柯克帕特里克的儿子吉姆·柯克帕特里克（Jim Kirkpat）通过把四层次评估模型和教学设计、胜任特征、绩效管理结合起来进行一系列研究发现，把它们联系在一起可以增加四层次评估模型的运用深度，并且可以在此基础上形成战略协同性，这就从真正意义上使人力资源管理中的培训活动成为企业发展战略中"业务伙伴"的塑造过程（图 3-8）。

对学员的评估：柯氏评估模型（改进版）

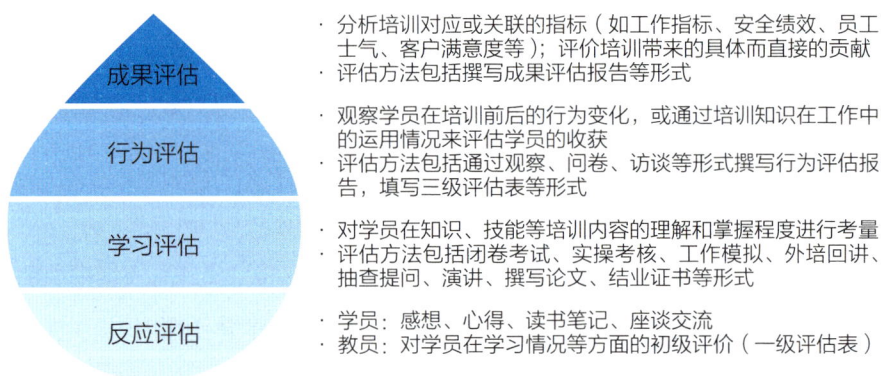

成果评估
· 分析培训对应或关联的指标（如工作指标、安全绩效、员工士气、客户满意度等）；评价培训带来的具体而直接的贡献
· 评估方法包括撰写成果评估报告等形式

行为评估
· 观察学员在培训前后的行为变化，或通过培训知识在工作中的运用情况来评价学员的收获
· 评估方法包括通过观察、问卷、访谈等形式撰写行为评估报告，填写三级评估表等形式

学习评估
· 对学员在知识、技能等培训内容的理解和掌握程度进行考量
· 评估方法包括闭卷考试、实操考核、工作模拟、外培回讲、抽查提问、演讲、撰写论文、结业证书等形式

反应评估
· 学员：感想、心得、读书笔记、座谈交流
· 教员：对学员在学习情况等方面的初级评价（一级评估表）

图 3-8　柯氏评估模型

第一层：反应评估（Reaction），指学习者对培训项目的印象如何，包

括对讲师和培训主题的设计、培训设备设施、培训方法、内容、学习者自身收获等方面进行的评估。

第二层：学习评估（Learning），可以采用笔试、实地操作和工作模拟等方法来进行考查。培训组织者可以通过书面考试、操作测试等方法来了解学习者在培训前后的知识、技能的掌握程度以及所获得的提高。

第三层：行为评估（Behavior），指在培训结束后的一段时间里，由学习者的上级、平级、下属或者客户观察他们的行为在培训前后发生的变化，以及在工作中运用培训中学到的知识所产生的效果。

第四层：成果评估（Result），可以通过一系列指标来衡量，如生产率、员工离职率、客户满意度等。通过对这些指标的分析，管理层能够了解培训所带来的收益。

作为人力资源从业者要在培训之前就要先将评估体系建立好，我们可以参考柯氏评估模型来建立不同程度的评估模式，也可以选择1~2个模式来做组合。

建立课后学习者跟踪机制是落实学习效果的最佳途径。学习者通常要将课程中学到的知识、技能应用到实际工作中去才能有效。但是很多人力资源从业者都会忽视后期跟踪的环节，认为得到一段时间内的评价就可以了，其实不然。在过往很多的培训训练营中，我们都会通过1~3年的跟踪周期来完成学习者的学习效果持续评估。这期间我们会采用复盘、行动学习、分享会、汇报会等形式让学习者定期做输出。

建立课后学习效果转化机制是使学习效果变得可持续的根本方法。学习者的学习持续性会对学习效果产生深远的影响。我们通常会关注学习后的应用和反馈层面，而忽视了学习转化这个关键环节。在很多企业的学习项目中，我们都会采用"转训"的形式，也就是要求学习者在学习、应用了一段周期后，将所学到的知识再通过分享、培训的方式输出给团队中的其他成员。转训最大的效果在于能够让学习者更深入地进行思考和应用，因为再输出的环节是对学习内容是否掌握的最大考验。

学习地图的设计能够针对不同层级、不同类别的学习者进行定制化的设计，并达成组织一盘棋的目标。人力资源从业者要通过学习地图这把"金钥匙"，打开学习型组织构建的大门，为组织可持续化发展提供依托。

第二节

人才供应链打造"将军"的摇篮

▲

关于人才供应链的研究始于 20 世纪末，1999 年姆亚（Muya）创造性地将供应链体系中的一类定义为"劳动力供应链"，把劳动力比作产品库存，对劳动力进行动态管理，通过动态调整岗位的要求，将"人才流"与"物流"相对应，这就是人才供应链的早期雏形。萨米尔·库马尔（Sameer Kumar）于 2003 年正式将供应链思想与人力资源管理论相结合，构建了人力资本供应链管理框架模型。

人才供应链的概念最初在 2008 年由沃顿商学院的彼得·卡珀利（Peter Cappelli）首次提出，他将供应链管理的思维导入人才管理，建立了能够满足企业人才需求的供应链系统。他强调，人才管理在未来面临着巨大的不确定性，管理方式应当更加敏捷，以业务需求为导向，做到精益生产。企业应该及时调配目的，做到从人才甄选到培养再到实现人岗匹配。他把"人才按需框架方式"（talent-on demand framework）和"准时制生产方式"（Just-In-Time）两种模式进行了对比，从供应链的角度来看，为了实现人力资源规划中人才需求预测和人才培养的最优成本投入，企业需要建立外部人才供应渠道，并对人才供应商进行管理。这样的供应链管理模式就是人才供应链管理，它实现了动态管理，建立了精准、及时的供应模式，体现了人才管理与业务管理之间的密切关系，并通过人才供应链实现了组织的阶段目标。

下文中，笔者将针对人才供应链中作为供方最重要的一个环节——人才培养进行阐述。组织在发展的过程中，需要优秀的员工不断脱颖而出，这时候组织需要做的是未雨绸缪，打造一个能够不断培养出优秀的"将军"型人才的培养机制，这不仅是对现有人才的培养，还是对未来接班人计划的补充。

🧑‍💼 一、建立培训基地："将军"的摇篮之人才池建设

人才池（talent pool），即企业储备各类人才的场所。现代企业中，每一位员工在经过各项能力评估后，进入人才池管理，并按各管理或专业序列、职级职等重新进行排列组合。企业规律性、周期性地对各类人才进行能力评估，再次确定其职级等。人才池也是企业选拔领导人才、核心骨干时的重要人才源头。

在人才梯队的建设方面，国外众多学者提出组织中需要有梯队，同时指出该梯队需要有一个储备池，即储备池由多人组成，而非一个人。**每个员工都应该并且有机会实现晋升**。2011 年拉姆·查兰出版的《领导梯队》被誉为领导力开发的圣经，阐述了领导力开发的系统模式、领导梯队的层次及角色认知、继任计划等。合适的人才在企业的转型时刻变得至关重要。"在这个快速变化、充满不确定性的时代，人才管理模式必须变革。"拉姆·查兰说，"人，一定先于企业战略。"

作为人力资源从业者，从一步步的内功修炼到人才发展，终于进入了

内功外化的阶段。要想让人力资源管理工作具备创新价值和持续亮点，做好人才培养工作就是最佳外化手段和人才投资回报率最高的方式。人才培养的第一步就是建立培训"基地"，让所有与人才培养相关的内容都有施展的土壤和平台。因此，人才池的建设成为一切人才发展的基础，先有人才，然后才能根据人才的特质来设计发展路径。人才池建设的模型我们总结为定标准、定类型、定机制的"三定"工作（图 3-9）。

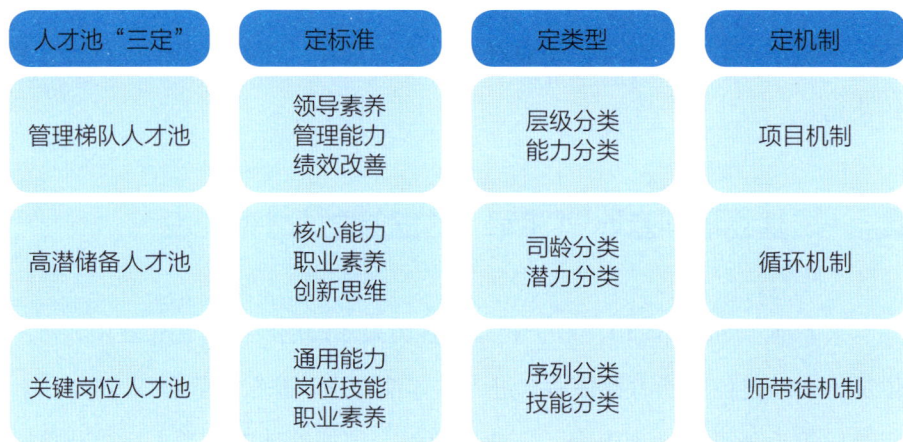

人才池"三定"	定标准	定类型	定机制
管理梯队人才池	领导素养 管理能力 绩效改善	层级分类 能力分类	项目机制
高潜储备人才池	核心能力 职业素养 创新思维	司龄分类 潜力分类	循环机制
关键岗位人才池	通用能力 岗位技能 职业素养	序列分类 技能分类	师带徒机制

图 3-9　人才池"三定"

在人才池建设的过程中，我们通常把人才池分为三大群体，分别是管理梯队人才池、高潜储备人才池、关键岗位人才池。企业人力资源部门需要与公司高管团队和各部门充分沟通研讨，针对这三类群体的人才池建设提出"三定"的设计思路。"定标准"是明确该群体应该具备的能力素质要项的具体标准是什么；"定类型"是在该群体内再进行分类规划和培养安排；"定机制"是明确在该群体中最优的运营和反馈形式是什么。

1. 管理梯队人才池

管理梯队建设对于正在经历组织快速发展或者组织变革突破的企业来

说至关重要。在企业快速发展期、转型期对管理者的要求会更高，所以无论是当下对团队的管理能力还是未来对自身领导能力的提升，都是管理梯队培养阶段的关注点。

管理梯队锁定的素质要项将更加聚焦于领导素养、管理能力和绩效改善。这三个标准既侧重于管理能力的提升和团队培养，又解决了人才改善和持续人才供应的问题。对于企业来说，绩效改善将对企业的经济效益或者绩效情况产生直接的影响，所以建立一套管理者都能学会用的绩效改善体系，并将绩效改善理念传递到员工，这样才能看到可持续的变化。

在管理梯队人才池中我们也要再进行细分，可以按照层级分为中层管理者、高层管理者；也可以根据能力分为卓越领导者、优秀领导者等。在能力分类中会依据前期对领导能力的测评结果，匹配岗位的胜任力模型，在同一个素质要素中根据得分来进行分类。

对于管理梯队的培养，过往的经验已经验证了，使用训练营、集训营或者项目制的形式会更加有效果。一方面，管理者的时间比较紧张，零散的培训将使学习者的学习欲望降低，同时也会影响学习效果，因此集中一个时间，并且通过周期性、关联性、持续性的培训内容来作为牵引，会对提高学习者的学习欲望更有帮助；另一方面，项目制的学习方式之后最重要的环节是总结和呈现，学过不重要，学会并能够应用才重要。因此，项目制的好处体现在程序上有头有尾，比较完整，也有利于学习者的持续学习。

2.高潜储备人才池

高潜储备人才的培养与建设适用于正处在发展上升期的企业，如果有部分员工的发展速度高于企业的发展速度，要想留住人才为企业所用，就要在当下这个阶段对高潜人才进行储备。当然对于高潜人才的留存，培养他们只是其中的一个要素，企业还应该出台相应的激励机制和鼓励措施，等等。

高潜储备人才的素质要项将会更加聚焦于核心能力、职业素养和创新思维。高潜人才对于组织未来的作用在于跟得上、匹配得上组织的发展需要。这时候不再是高潜储备人才应该具备什么能力，而是"组织需要什么，我们就培养什么"的思路。对于职业素养和创新思维的关注，一方面要考虑到高潜储备人才的特性，能力与素养一定都要具备；另一方面高潜储备人才有思维惯性，而企业更希望能够跳出固化的思维模式，运用经验和实力来匹配组织的需要。

高潜储备人才的分类方式有两种，一种是按照司龄来进行分类，根据工作年限来安排培养内容。这个方式的好处就是员工的司龄越长代表着对企业文化、企业忠诚度相对越高，那么被培养后长期服务企业的可能性也会相对高一些；另一种是按照潜力来进行分类，根据企业发展需要，未来需要什么样的人才就依据胜任力模型和能力素质测评结果，培养具备潜力的人才。这个方式更有利于组织的长期发展。

培养高潜储备人才的机制建议采用循环机制。俗话讲"铁打的营盘流水的兵"，人才要流动起来才能有效果。而对于各方面素质能力都较为优秀的高潜储备人才来说，流动才有价值，流动才能创造竞争力，流动才能激发更大的潜力。循环机制中关键要完善入池、出池、再入池、再出池的机制，并且明确每个阶段的考核标准和要求。只有建立一套可以持续评估、灵活应对新情况的培养机制，严格规范人才池的进出，才能起到激励作用。

3. 关键岗位人才池

关键岗位人才的培养是企业在任何阶段都应该做的重要事项。组织在不同的发展阶段一定会根据战略要求规划出关键岗位和重点任务，因为重点任务大部分都是由关键岗位上的员工完成的，所以关键岗位的能力要求和匹配度就是人才培养的关键点。

关键岗位人才的素质要项更加聚焦于通用能力、岗位技能和职业素养。关键岗位人才通常在组织中充当着关键的承上启下的作用，他们可能是小团队组长，是项目组骨干，是技术能手。对于关键岗位人才来说，提升岗位技能是关键，提升通用能力和职业素养是支撑。岗位技能是关键岗位人才的核心竞争力，正是因为岗位技能突出，关键岗位人才才能确保自己的关键地位，因此对于关键岗位的技能培养是保持人才持续创造价值的基础。而通用能力的提升，以及职业素养的综合提升，也是可以推动关键岗位人才长期发展的。

关键岗位人才的分类可以按照序列分类或是技能分类。主要考虑两个要素，一是不同序列对岗位要求的不同，比如管理序列的关键岗位可能是某个具体的职能岗位，相应的技能要求会从日常工作角度提出，而技术序列、生产序列、营销序列的关键岗位技能要求就是和具体的工艺、质量、标准相关联的；二是不同的技能分类适用于多维度公司或者全产业链公司，它们的技能要求较高又相对专业，根据技能进行分类可以有效提升此技能项下的所有能力。

关键岗位人才的培养机制建议采用师带徒机制。很多生产型企业都在生产一线采用师带徒的方式，一方面解决了新员工的培养问题，另一方面也解决了老员工的关键技能传承问题。我们对于关键岗位的人才实行师带徒机制主要想解决的是关键技能传承的问题，很多企业优秀的技术骨干或者技术精英都存在着流失的现象，很多经验也随着人员的流失而消失，组织在发展过程中需要不断做经验的萃取和传承，目的就是让更多的员工掌握核心技能。这时候由技术精英作为师傅去带每个新员工和培养对象，那么技术就能一代代传承下去，从而减少核心技术流失的损失。

二、渲染培训基调：创意宣传调动员工积极性

宣传工作是一切工作的重要组成部分。当今社会充满不确定性，市场竞争日益激烈，企业如果想提高竞争力，就必须依靠强有力的宣传工作。通过不断提高知名度，增强影响力，企业就能达成战略目标。从组织行为角度来说，企业宣传是指通过使用能被沟通对象感知的符号或信息，沟通主体与沟通对象间进行思想或情感的输送与交流，以实现并强化认知一致性的行为。自古至今，我们发现无论是国家的发展还是企业的进步，都离不开强有力的宣传工作。

培训工作想要获得成果，宣传是不容忽视的关键点。纵观优秀企业的发展历程，我们都会发现宣传工作无处不在，比如华为的任正非会定期召开会议或者发一篇内部邮件，然后全网传播，其实这就是在做宣传工作。再看现在火遍全球的"钢铁侠"埃隆·马斯克，频繁地收购、裁员、发表新的观点、代言自家产品等行为，其实都是在为自己的"商业帝国"做宣传。

今天的培训工作已经到了"酒香也怕巷子深"的阶段，业务工作的繁忙让业务部门更不愿意配合人力资源的同事去推进培训的开展。因此培训首先要以业务为导向，能解决业务问题，只有这样才能获得业务部门的支持。业务部门是我们培训宣传的"喉舌"，他们说培训好才是真的好！我们要做到以下三点才能使培训效果显著。

1.遵循传播规律，注重"时、度、效"

在培训宣传的过程中，我们不能脱离宣传工作本身的特性。宣传工作也是有内在逻辑的。在新媒体逐渐发展的阶段，宣传手段越来越多样，但是宣传的关键点依然是以保证宣传可以有效传播为核心（图3-10）。

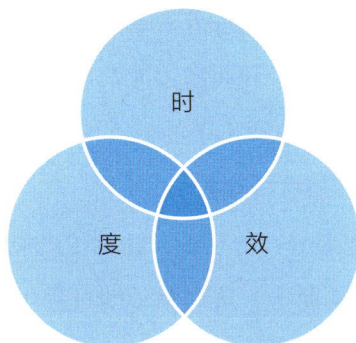

图 3-10 宣传三要素

"时"是指及时性。培训项目设计完成之后，进入培训宣传阶段，此时我们要根据培训项目的启动周期来设计宣传的周期和各个环节。通常，我们会建议培训的事前、事中、事后都进行及时的宣传。

事前，我们要做的是"造势而起"，把培训项目的设计理念、报名方式、成绩应用和培训预期效果都描述出来。方式有很多种，像平安集团会采用自己的知鸟平台做宣传，中海油、中石油这样的央企会使用自己的办公自动化或者企业管理计划系统来做宣传，还有一些航空公司、生产型企业会用自己的抖音号、公众号、视频号等平台来做宣传。"造势"阶段的目标就是吸引眼球，造成视觉冲击力。因此，无论是海报的设计、公众号文章的设计、视频的设计都需要具备独特的亮点。

事中，我们要做的是"借势而进"，培训不是让员工销声匿迹地去上课了，我们还要在过程中不断地呈现培训的亮点和故事，让没有参加培训的人，让领导者，让未来的学习者都看到其间的点点滴滴。这时候我们会在企业中做课程回顾的宣传，把学员每天的课堂照片、课程活动小视频、课堂作业展示分享出来，不仅给在场的学习者看，也给没有来到现场的人看。"借势"的目的就是让参与者变得与众不同。

事后，我们要做的是"乘势而上"，培训结束后不能偃旗息鼓，要创造下一次培训的新高峰。培训结束后要有总结、有汇报、有复盘，也要让参与的学习者、没参与的领导者和高潜人才都看得到，把所有培训成果变得可视化，最终的效果一定是拿得出手的，不仅看起来好，也要有效果。"乘势"的目的就是让培训变得可持续。

"度"是指尺度，把握好宣传尺度，让宣传既能看到亮点，又能产生神秘感，最后让大家都充满期待。培训宣传的过程中展现的一定是学习者的闪光点，同时也要照顾到学习者的隐私等问题，在尺度把握上要细致思考，谨慎行事，做最优质的宣传。

"效"是指效果，要把宣传落到实处。只有宣传对象了解了、接受了、认同了并传播了宣传内容，才算是达到了最优效果。这就要求宣传的内容要更贴合实际，具有针对性，让所有培训后的成果都可以展示出来，并以可量化的数据为展现依据，让一切效果都有据可循。

2. 设计传播模式，精准化、个性化的传播

培训的最终目的是解决组织中存在的问题，而大部分问题又都是业务问题，因此培训能否真的解决业务问题是所有业务部门管理者最关注的问题。作为人力资源从业者，你在设计培训项目的时候有没有深入地探究过业务部门的需求？有没有在项目设计过程中针对性地给予解决？这些都是业务部门管理者是否支持培训项目的核心点。

培训项目设计完成后，接下来要进行的第一步是精准化传播，明确培训项目要解决的核心业务问题，并根据前期调研结果将那些提出此项业务问题的团队、个人作为精准传播的第一步，然后再根据企业目前面临此项核心业务问题时的分析结果，对目标人群进行第二步传播。这样可以保证传播是有针对性的，并且可以获得业务部门的支持。

培训项目在传播过程中也不能忽视个性化这个特点。不同的群体喜欢

的传播方式是不同的。无论是从年龄的区分、职位的区分还是工作属性的区分来出发，受众都会有不同的喜好。职场中的"90后"更喜欢互联网传播的方式，比如短视频、快闪影片等都是他们的最爱；高管层更喜欢文字、图表等描述得更清晰的宣传手法；一线工人更喜欢简单直白的宣传图展示。我们需要根据不同的目标群体特性做详细地分析，站在业务部门的角度去促进培训效果的达成。

3. 塑造传播价值，使价值性与知识性相统一

培训项目的宣传是为了最大限度地让有意愿的参与者都能够成功地转化为学习者，因此，宣传一定要适度，不能过度夸张，要使培训真的有价值、有可学性。好的宣传可以持续做很久，并让人信服，这靠的就是培训项目设计的价值性与知识性的统一。

价值的塑造一定是基于培训项目本身的，并不是凭空捏造出来的。挖掘价值靠的是对培训项目核心要点的萃取与提炼，我们要归根溯源地去问几个问题：我们培训的对象是谁？我们培训想要达成的目标是什么？我们提供什么培训手段来达成这个目标？我们如何判断学习者达成了学习目标？这些问题都是宣传可以提供的价值，也是每个培训项目的特质。

知识是培训过程中不可缺少的产物，我们会发现"知道"到"做到"之间有一个巨大的鸿沟，有的人明明知道学习有用，但是永远控制不住自己那想玩手机的手。因此，知识的获取不难，知识的应用和产生效果很难。在培训项目设计的过程中，我们会把知识贯穿于内容设计之中，宣传的时候我们要想好培训的效果是靠知识的转化来达成的，那么将知识通过培训做转换的方式我们是否已经界定清楚——是通过案例演练还是情景模拟？是通过实际操练的方式还是师傅带教的方式？这些会更有助于确保知识的实效性，也会有助于培训项目的宣传。

三、夯实培训基础：员工全职业周期的供应链建设

2020 新加坡金融科技节及新加坡科技创新周开幕时，新加坡政府代表系统阐释了"π 型人才"教育理念，其与企业在培养人才的时候想要达到的目标非常类似。之前很多企业都在推行"T 型人才"的培养，更关注员工某一单一技能的深耕培养，但是在不断发展的过程中，我们发现即使员工具备了较强的单一技能，也并不代表这个员工能够在组织中得到长期发展。大量的数据调研显示，员工离开组织的核心原因并不是通常我们认为的薪酬水平、晋升空间这些显性指标，还有很多隐性指标会悄无声息地决定员工的去留，比如成就感、认同感、被尊重感等。就如长江商学院的张晓萌教授在《韧性：不确定时代的精进法则》一书中讲到的那样，"盛行已久的'T 型人才'已无法应对 VUCA 时代的冲击，而'π 型人才'注重的是在两个甚至更多个深层领域的不断培养和迭代，兼顾工作技能与个人爱好，同时配以对多个领域的丰富涉猎，因此具有极强的灵活性和韧性。'π 型人才'犹如人用两条腿走路一样，一条腿代表工作上的核心技能，另一条腿则代表热爱生活中各种可能的能力"。

当组织希望员工将核心技能与热爱生活中应用的各种能力相结合，就意味着组织不能再只看岗位本身，而是应该跳出单一能力去纵观全局，站在更高的纬度去看待员工的需要。如果把一个员工从招聘那一刻就纳入组织的培养体系中我们会发现，选、育、用、留这四大核心环节构成了员工的全职业周期。这个周期也构成了人才供应链的全貌，也是人才供应链建设的基础。员工全职业周期的供应链建设将会夯实人才培养的基础，构建更强的员工自驱力。

心理学家爱德华·德西（Edward L. Deci）和理查德·瑞安（Richard Ryan）提出了自我决定论，指出人们的内在动机而非外在动机才是人类

的自我决定行为过程以及持久改变的核心所在。组织希望员工可以具备自驱力，那就要求员工要具备自我调整和改变的内在动机，而这正需要组织帮助员工一起去发现、创造、应用内在动机。在员工全职业周期的过程中，有众多核心环节可以推动其内在动机的塑造，提升其幸福感。下面，让我们一起来看下员工全职业周期的供应链建设的核心环节和关键内容（图 3-11）。

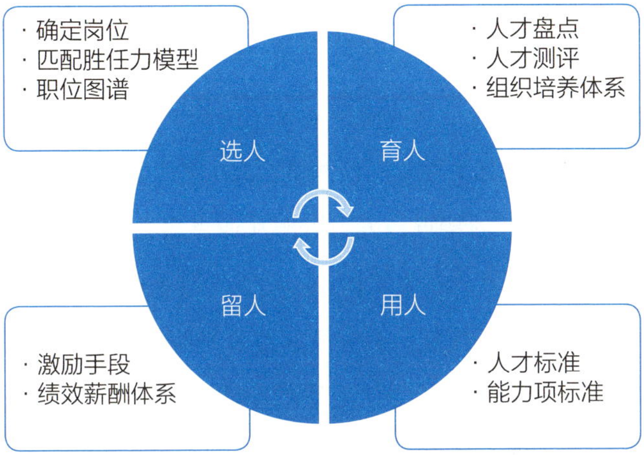

图 3-11　员工全职业周期的供应链建设

我们在员工全职业周期的供应链建设中看到，选、育、用、留的闭环环节中有很多关键内容需要从员工招聘环节就开始关注，并激发组织内部的员工内在动力。选人部分我们在第二章的组织设计中已经就人岗匹配、胜任力模型搭建和职位图谱做了说明。此章中我们把重点锁定在育人部分，将用人、留人放到后续章节进行阐述。育人中提到的三个关键内容对人才的发展培养，尤其是对于培养员工的内驱力来讲至关重要。

1. 人才盘点

人才盘点是对组织结构和人才结构进行系统规划和系统管理的一套方

法。我们通常将人才盘点喻为对人力资源管理现状的摸底调查，通过运用工具和方法来盘点出组织在运行效率、人才构建、人才发展质量等各方面的问题。

在育人的阶段首先做人才盘点的目的就是我们要做到知己知彼，了解被培养者自身现状，通过整合的数据模型分析来帮助组织在未来对人才的培养和组织变革方面提供助力。人才盘点的第一步是了解三个基础问题，人员数量、人员结构和人员能力，这些基本信息有助于我们在盘点的初期对人才情况有一个初步判断。

第二步，采用合理的工具或模型来帮助组织完成深层次的人才盘点工作。经典的人才盘点工具主要有心理测试、360 度评估、人才九宫格等。不同的盘点工具具有不同的特点，人力资源从业者需要结合盘点工作的实际侧重点来选择合适的工具。在人才盘点的初级阶段企业常常采用 360 度评估的方式，以问卷为依托，建立一套全员的评价机制，从而达到盘点的目的。处在成熟期或者人才盘点进入进阶阶段的企业，通常会采用人才九宫格的方式，将人才分为高潜、卓越、优秀等多种类型（图 3-12）。

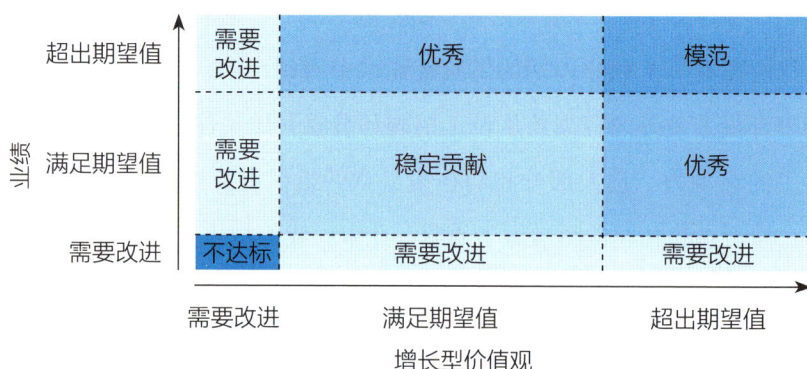

图 3-12　人才九宫格

第三步，应用人才盘点的结果。我们通过盘点的过程了解了员工的真实情况并与员工一起找到了内驱力，后续的关键是应用盘点结果对员工起到推动作用。应用方向一是完成对人才的分级管理，针对不同人员一定要采用不同的培养方式；应用方向二是落实对高潜人才的培养计划，尤其对那些处于九宫格中最高价值的员工，可以为他们制订个人发展计划来保证人才的留存；应用方向三是人员内部的优化调整，结合企业的招聘计划、外派计划、增员减员计划等，在内部对人员进行整体调整。

2. 人才测评

人才测评是通过综合利用心理学、管理学和人才学等多方面的学科知识，对人的能力、个人特点和行为进行系统、客观地测量和评估的科学手段，并将其应用在组织发展与人才管理上。今天，人才测评技术的应用范围也是非常广泛的，例如公务员考试、央企国企面试、企业人员的晋升等都会用到测评技术。人力资源从业者在应用测评技术的时候要先明确：你想测什么？达到什么目的？这个问题回答清楚了，选择测评系统就只是工具和手段而已。

企业通常希望通过测评去判断员工的职业素养、心理素质、综合素质、情绪稳定性以及其他相关能力。在测评的过程中，不能完全依赖测评系统反馈的结果，我们还需要做校准的工作，而且这是在测评结束后非常重要的工作内容。被测评人员如果经常做同一类型的测评就会对企业预期结果产生导向性判断，因此可以采用结构化面试等方法对测评结果进行再次校准，并最终得出相对真实的结果。

测评结果通常会应用于招聘阶段、晋升阶段、选拔阶段，作为外部和内部选择人才的过滤器，可以对人员的潜在风险点进行有效规避，并通过测评来发现员工的优势方向，使其得以有效发挥。

3. 组织培养体系

我们通过各种盘点和测评的方式得到了组织人才的发展现状，同时对未来的组织发展走向和人才培养方向有了更加清晰的目标，随后我们将进入组织培养体系搭建的关键环节。结合多年的培训咨询经验，笔者将组织培养体系设计为"5+1 模型"（图 3-13）。

图 3-13　5+1 模型

（1）**一个目标——企业战略目标达成**。企业战略目标对于组织培养体系的重要性毋庸置疑，这是组织培养体系发展的根本，也是组织培养人才的核心支撑。作为人力资源从业者，我们首先要做的就是带着组织的管理者一起厘清战略目标，锁定实现路径，并给出行动方案。

人力资源从业者在这个过程中充当着助推者的角色，不要惧怕困难和阻力，采用最优的解决路径去实现战略目标才是核心。通过战略研讨会抑或是战略工作坊等形式，快速与管理者达成一致，才能更有效地推进后续的人才培养和发展工作。

（2）**五大环节——人才培养发展路径**。在路径图中我们将培训的五大核心环节做了细分，从需求洞察开始，通过完成组织变革、实现人才内化、施行评估改善，最终到行动学习结束，这个过程涵盖了人才培养发展全路径。

1）**需求洞察**：人才培养是站在企业战略的高度，通过需求来了解真实问题，并加以解决的过程。

①需求调查与分析：通常我们会建议企业采用三级调研的方式，对受训者的上级、下级、平级进行面谈或者问卷调查，了解受训者最希望解决的问题和核心诉求。

②人才测评与解读：通过测评工具来了解受训者的真实情况，一方面根据差距去定制培训方向，另一方面也为培训后的成果检验提供数据支持。

③需求厘清与界定：三级调研和测评结果可以帮助组织更好地厘清和界定培训的范围和内容。这个过程需要上级管理者的确认，同时也需要人力资源部门的支持。

2）**组织变革**：在人才培养体系中，组织需要配合组织环境和战略需求的变化一起变化，调研的结果对组织的调整和变革也会起到支持和建议的作用。

①组织变革与战略统一：调研的结果对组织未来战略的调整起到了指引的作用，同时调研后的相关调整要与组织未来的变革路径相统一。

②组织结构与机制建设：组织变革的过程中离不开组织结构的调整和内部机制的建设，人尽其才需要通过人岗匹配才能实现，人岗匹配则需要组织结构间的关系相互平衡才能实现。

③组织变革的解决方案：人力资源从业者需要通过调研的结果对组织未来的变革方向和实施方法给出解决方案，并根据解决方案来落实各项具体措施。

3）**人才内化**：人才的培养策略一定是内部人才优于外部人才，通常

"空降兵"的成活概率都不高，内部提拔晋升的管理者才会更长期地陪伴组织成长下去。因此，我们要将所有的培养都做内化，让人才具备持续的发展能力。

①岗位胜任力分析：将胜任力素质模型的要求与岗位的实际反馈结果进行对比，找到差距点并根据此差距进行有针对性的培训。

②人才供应链体系建设：通过全生命周期的培养来锁定员工从入职到离职的全过程，建立"节点有反馈，阶段有汇报"的制度，做好员工个人里程碑的记录和展示，实现全过程的驱动。

③内训师培养与组织能力萃取开发：内化一定是靠受训者自己做转化才能完成，内训师培养则是让每个受训者都可以成为讲师，把所学到的知识通过平台传播出去。组织能力的萃取与开发是组织长期可持续去做的任务，要不断挖掘岗位的能力差距点、需要解决的组织问题，以及组织战略的需要，找到具备这些能力的人并将他们的能力进行萃取和传播。

4）评估改善：培训不止只是上一堂课，我们在现场听课的时候往往会觉得老师讲得都对，但课后却觉得无法落地应用，然后就没有下文了，一切都还给了老师。因此，培训后的评估改善非常重要。

①量表评估：最近很多的人力资源专家都提出了关于人力资源管理的"数据仪表盘"的新理论，就是希望把看似无法量化评估的事情变得可量化。在培训之后通过可量化的指标来考查讲师、学员、组织者，并对未来后续的工作提供数据支持。

②数据报告：通过量表评估后得出的数据报告，我们可以得出相关的结论。这些结论一方面可以对后续工作提供支持，另一方面可以通过它们查找到问题，并在后续的改善建设中提供支持。

③改善建设：所有的问题只有解决才能称之为问题，不解决就只是一个客观存在而已。因此，通过量表评估和后期数据报告展示出来的客观情

况我们需要认真审视，如果进行某种调整可以提升组织效率、学习者动力或者学习效果，那么就都值得我们去尝试。

5）**行动学习**：学以致用，让学习者将所学变为可用，将所用变为可实现，通过一套行动学习的技术帮助学习者将知识转化为行动，将行动转化为绩效。

①团队共创及专家促动：所有的学习者看起来都是在进行个体学习，但是对于组织来说，个体学习的目的是实现组织共同学习的目标。学习后的工具和方法应该择优应用到组织之中，而这就需要通过团队共同创造的方式来实现，通过集体的智慧得出共同的决策，此外，在这个过程中再辅以专家的促进与支持。

②群策群力采取行动：所有的决策一定不只是管理者单方面参与的决策，还应该让所有执行者共同参与。这是一个群策群力的过程，每个参与者都应该贡献自己的智慧，这样在未来执行的过程中才能更好地领会行动意图，实现行动成效。

③复盘总结改进指导：我们往往在行动之后出现各种各样的问题和困难，要想下次更好地执行企业战略并使其更有成效，就要对本次的执行过程进行复盘和总结，回顾一下执行过程中出现的问题有哪些，还可以采取哪些改进措施和方法。有了改进建议，我们就可以将它们作为下一步的行动指导，并做好最优的改进方案。

第三节

人才储备池升级——"接班人"计划
▲

"接班人"计划是组织获得长足发展的过程中必不可少的环节，纵观企业发展的进程，很多优秀的企业都在多年前就设计和施行了"接班人"计划。在施行"接班人"计划的中国企业更多的是家族企业，同时中国家族企业也在不断寻找更好的"接班人"培养方式。而在国外，像 IBM 公司、通用电气公司这样的大型企业早在 20 世纪 90 年代初就开始实行"接班人"计划了。因此，我们首先要跳出"接班人"的观念禁锢，不是只有家族企业才有"接班人"，任何一家正在发展并不断壮大的企业都应该拥有储备"接班人"的意识。"接班人"也不仅是接一把手的班，还要接高管团队的班、接部门的班。只有让"接班人"不断更新迭代、与时俱进，才能促进组织更好的发展。

我们就"接班人"计划的不同层级和阶段将其划分为选拔赛、晋级赛、淘汰赛阶段，并逐一阐述此项惠泽组织的大计要如何实施。但更重要的是，我们的组织要首先具备培养"接班人"的意识，并且愿意提供更多的岗位、管理机会，包容试错，这样才能更加有效地推进接班人计划。

一、"接班人"选拔赛：大浪淘沙，能者上，庸者下

"接班人"计划无疑是希望能够让更多优秀的员工被看到、被培养、被任用。但是让优秀员工从被看到到被任用，需要一个严谨又不失温度的选拔过程。"接班人"选拔赛的目的就是在众多员工中发现那个优秀并最合适的人才，经历大浪淘沙的过程，并让组织形成一种"能者上，庸者下"的企业文化。"接班人"计划更像是一场马拉松比赛，我们要用战略的心去做专业的事，用耕耘的心去做持续的事，让一切都变得可期待。

IBM 公司的"接班人"计划还有另外一个名字——"长板凳计划"。它源于美国的棒球比赛：在举行棒球比赛时，棒球场旁边往往会放着一条长板凳，上面坐着很多替补球员。每当比赛要换人时，长板凳上的第一个人

就上场，而长板凳上原来的第二个人会坐到第一个位置上去，刚刚换下来的人则会坐到最后一个位置上去。IBM 公司借用这个概念，在人才梯队建设时引用了"长板凳"概念。早在 1995 年，IBM 公司就在公司内部进行了一次全面的人才调查研究，希望通过调研找到出色的商业领导者的特质要素。IBM 公司通过这次人才调查研究，确定了 11 项团队领导者应该具备的优秀素质。作为公司持续性计划的一部分，IBM 公司每年要依据这 11 项能力特征对潜在的领导者和所有的管理人员进行评估，通过这些特征去寻找公司的明日之星。这既是一个挑战更是一个创举，IBM 公司在企业中按照 80 ： 20 的黄金法则去寻找 20% 的高潜人才，并通过选拔程序对这 20% 的人员进行长期重点培养。在挖掘明日之星的过程中，通过岗位轮换机制、师带徒的带教机制，IBM 公司逐步实现了"接班人"计划。

IBM 公司的"长板凳计划"的独到之处在于并不把"接班人"局限在具体的某个人身上，而是面向整个团队，让所有具备条件的、具有优秀潜质的人都来到台前，站在"接班人"的位置上，公司的所有人一起通过培养机制来观察他们的表现，并给予相关的任用。

作为人力资源从业者，我们要明确人力资本的特质其实是趋优性，因为人才越多的地方就越吸引人，人才越多，组织就越能更快速地发展。在我们的组织中要完成的"接班人"选拔赛，也是一种遵循中国特色的接班人选拔方法（图 3-14）。

定标准 ➡ 定机制 ➡ 定考核 ➡ 定输出

图 3-14　接班人选拔法

1. 定标准——选对人

到底什么样的员工才能进入"接班人"计划中呢？这就需要我们首先

建立一套标准体系，对于符合标准的人才我们要做到应收尽收，让每个优秀的人都有机会。

企业在建立标准的时候有四个重要维度：职业素养、专业能力、领导能力和奉献精神。前三个维度我们就不用赘述了，这些是无论哪个层级的人才我们都必然会去考查的要项。我们要重点提到的是第四个维度——奉献精神，为什么在"接班人"计划中要加入这样一个要素去做考核？我们会发现一个人才的发展历程通常都不会是一帆风顺的，总要经历一些起起伏伏，我们会建议管理团队要为"接班人"设立挑战和考验。这个过程中能不能坚持下去一方面要看"接班人"的韧性，另一方面更多的是考查他们的奉献精神。当他们面对冲突的时候，面对不公的时候，面对挑战的时候，能不能放下小我去保全企业的利益，会不会为了工作奉献更多的时间、精力，这些将决定一个"接班人"可以走多远。

2. 定机制——筛对人

我们按照标准将人才选拔出来之后，就要建立一套系统的培养机制，让人才能够在这套游戏规则中自我运转起来，形成自我决定机制。

培养机制的设定有很多种方法，机制的作用是保证大浪淘沙后进来的人都是对的人。最关键的方法有两种：

（1）导向机制：很多大学的商学院在招收 MBA 学生入学后都会开展一项活动，叫作入学导向活动。这项活动的意义是带有目标引导学生去参与到活动当中，并对学校的整体情况有一个初步的了解。而对于"接班人"计划来说也是同理，"接班人"进入培养环节就需要我们建立一套具有目标导向的机制。他们要了解企业基本情况、未来发展方向、自身优势不足，同时也要设计出企业所需要"接班人"达成的目标成果。

就如田俊国老师在《上接战略，下接绩效：培训就该这样搞》一书中写道的那样，培训的需求导向要从三个方面出发：战略需要、能力需要和问题需要。在设计导向机制的时候我们也应该参考这三个需求导向去做分析，从公司战略发展层面出发，思考我们需要培养什么样的"接班人"；从"接班人"的胜任力模型出发，思考我们需要培养具备什么能力、素质的"接班人"；从目前"接班人"储备情况来看，我们需要通过培训解决什么问题。这样导向机制就建立清楚了。

（2）在职学习机制：在培训的各种模型中，有一个著名的微软"721"模型，即员工70%的经验都来自工作中的学习，主要是把学到的这些知识应用到实际工作中，做到边工作、边学习、边总结、再应用，通过不断地自我调整，形成可靠的经验与技能；20%的经验是从其他同事、同级领导、教练身上学习到的，这主要是指在工作中借鉴、参考别人好的做法，以及在与他人沟通、讨论、交流等过程中的互相学习；10%的经验来自常规的培训，主要指企业在组织培训时，学习者从培训师、讲师那里得到的启发与知识。

在职学习对经验的积累和应用起到了重要的作用。因此，我们在设计机制的过程中要充分考虑在职学习的比重，通过设计出师带徒机制、陪跑机制、面谈反馈机制等来实现"在干中学，在学中干"的循环过程。

3.定考核——考对人

在大浪淘沙的过程中，"淘"的技巧也很重要，我们要把优秀的人留下来，也要避免埋没任何一个有价值的"接班人"。这就需要我们设定完善的考核机制，并通过考核做到人才的选拔，从而找到对的人。

考核的方法有三种，即知识考核、能力考核、态度考核。知识考核更加简单直接，只需要出考试题，无论是笔试还是机考，都可以对员工的知识点掌握程度进行有效的评估。能力考核建议采用情景演练的方式，通过模拟现场工作的方式来进行，针对员工能力要素中的核心点的掌握程度，我们可以通过动手操作来查看。最难的就是态度考核了，态度是一个看不见摸不着的要素，但又是决定能动性的关键点。因此态度问题建议采用360°评价的方式，或者上级对下级评估的方式来进行。评价维度越多就越客观，就越能反映出真实情况。

4. 定输出——留对人

在大浪淘沙的"接班人"中，总有优胜者会留下来，留下来的人如果不能得到很好地任用就意味着未来不会有人再愿意加入"接班人"计划之中了。因此"接班人"计划的输出非常重要，"接班人"在选完、培养完之后会去哪里，是可持续培养的关键。

这时候我们会为"接班人"设计一套输出计划，先纵向地从序列出发，让人才从专业序列中逐级晋升，想成为一个优秀的管理者首先必须是一个业务能手，懂业务才是懂管理的基础。随后再横向地从职能匹配的角度出发，建立轮岗、调岗等机制，让人才到各个岗位上去做尝试和挑战，同时这也可以帮助企业看出来谁更具备抗压能力、谁更具备领导天赋，可以为后期所用。

综上所述，"接班人"选拔赛只是"接班人"计划的开始，一个优秀人才的培养通常都需要在企业中深耕 10—20 年才能看到不可替代的效果。人力资源从业者应在选拔赛的过程中慧眼识珠，为未来的人才晋级赛和淘汰赛做好基础和准备。

二、"接班人"晋级赛：知易行难，一切皆有可能

"接班人"在完成了选拔之后，人才也进入"接班人"的第二阶段——

晋级赛。第一阶段我们要做到应选尽选，让每个人都有机会展示自己，也给到每个努力的人机会。第二阶段我们是倡导"能者上、强者上"，因此在晋级赛中我们要做到难度升级、考核升级、晋升通道升级的三重保证，让所有晋级赛胜出的人才都可以发挥出更大的效果。

通常到晋级赛的人员都已经完成从初级管理岗位到中级管理岗位的转型，并需要对自己的专业能力进行有针对性的提升，设计明确的学习地图，保证整个培养体系完善、有效。下面笔者以某公司2020年到2022年的晋级赛培养计划为例（图3-15）。

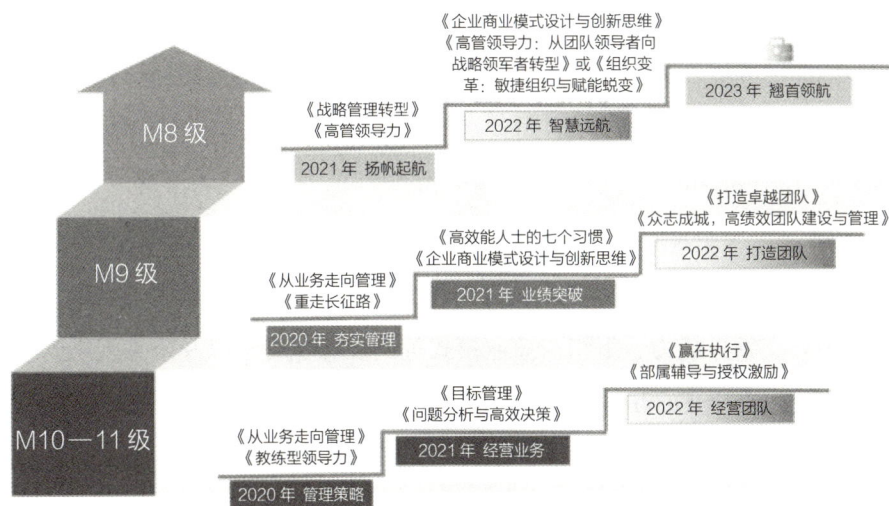

图 3-15　岗位转型晋级培养计划示意图

首先，晋级赛已经将人员锁定在了 M 序列，也就是企业中的管理序列。相关人员的层级从 M8—11 级，相当于集团总监级的管理人员、各分、子公司的主要负责人、集团部门负责人层级中的正副职和高级主管等。晋级的标准就是需要 M10—11 级的相关人员在完成三年的学习计划后，考核合格进入 M9 级进行学习，以此类推。

晋级赛的范围可以按照序列划分，也可以按照层级划分，但是一定要在这个序列或者层级上设置合理的划分标准和晋级标准，这样做的目的是保证人员稳定，同时所有候选人都会经历考核以验证成果。

其次，针对不同层级设计的课程内容和考核标准是不同的。在该企业的设计中，对于 M10—11 级（部门负责人级和高级主管级）人才的三年培养思路是通过管理策略来明确的。这个层级的员工存在的共性问题是管理能力相对缺失，寻找经营目标达成的方法和工具的能力还有待提升，团队经营管理能力不足。

但是对于 M9 级（各分、子公司负责人层级）人才三年的培养思路就有所不同。相关人才既要关注管理基础技能又要夯实管理基础，实现带团队完成业绩突破并拥有一支自己打造的铁军。这个层级的培训课程就要帮助管理者提升从业务到实践的能力，让其掌握实现业绩突破的手段和工具，以及打造卓越的团队。

M8 级（集团总监级）人才三年的培养思路是站在战略的角度去思考如何带领大团队去实现飞跃性的突破。这个层级的人才已经成为领航者，这时逐步夯实领导能力、组织与商业模式等的设计能力，以及未来战略的规划与落地能力等至关重要。

因此，每个层级人才培养的侧重点会因为他们的管理时间长短、管理能力强弱、管理责任大小的不同而不同，要做好相应的区分与融合。一方面，让处于这个层级的"接班人"能够感受到"培养的就是我所欠缺的能力"；另一方面，也让这个层级的"接班人"能够看到"未来我还需要掌握的能力要项"，通过不断的学习和进步逐步实现自身的能力提升。

最后，相关人才进入下一个层级的位置一定要提前预留好。企业在培养"接班人"的时候，一定不能只是喊喊口号。是因为有"接班人"的规划，所以提前在每个层级规划好他们的位置。这个位置不一定非要是一个实权位置，因为我们不能等着接班人成长起来再做任用，我们一定是在用中发现人才，在发现过程中提供机会，在实践中完成考核的。因此，可以设置一些部门助理、总监助理、总经理助理等辅助位置，但是到了这个位置上就一定要给相关人才实际参与业务决策和管理的机会，否则人是培养不出来的。

"接班人"晋级赛是一个看起来"条条大路通罗马"，只要出发就可以到达的过程，但是实际上在每个环节中我们都会设置很多挑战和关卡，只有让这件事做起来很难实现，才能够把真正有意愿坚持到最后的人才留下来。晋级赛是一个知易行难的过程，只有那些坚持下来的人才才有机会进入最终的淘汰赛。

三、"接班人"淘汰赛：德能相济，方显英雄本色

"接班人"淘汰赛不应再只关注人才能力的提升，更应该关注德能相济，因为在企业发展过程中，我们会发现员工的忠诚度，认同感，使命感，对企业的价值、尊重等，比他所拥有的能力重要得多。

1991 年美国哥伦比亚大学的汉布瑞克（Hambrick）和福克托玛（Fukutomi）提出了总裁生命周期理论。该理论认为，总裁的管理生命周期可以分为五个阶段，即①受命上任；②探索改革；③形成风格；④全面强化；⑤僵化阻碍。因此，"接班人"的淘汰赛只是一个开始，对于相关人员的持续考核与评估也将随之展开。

通用电气公司作为全球顶级的世界五百强企业，在人才发展和"接班人"计划方面都令众多企业不断学习与模仿。通用电气公司对人才有三个方面的要求，第一，要具备某个岗位的专业素质和专业标准，通用电气公司要考查相关人员是否具备该岗位的专业背景和胜任能力。第二，要有个人发展潜力，通用电气公司希望一个人才是可以不断成长和发展的，而不

是在一个岗位上永远不变化。第三，要有道德品质，主要是以通用电气公司的价值观来考核相关人员是否能够认同"坚持诚信、渴望变革、注重业绩"的价值定位。我们看到像通用电气公司这样优秀的企业在选择人才的时候也会把道德品质作为其中的一个核心要素，甚至是可以一票否决的要素。

因此，在"接班人"淘汰赛环节，"德"与"能"的匹配更是一家企业选择合格接班人的关键要素。我们要把关注点放在"德""能"的双轮驱动上，让最后的胜出者能够肩扛重任（图 3-16）。

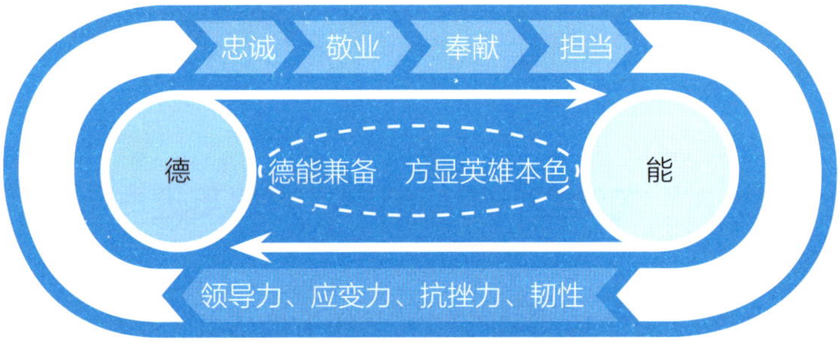

图 3-16　双轮驱动

这个车轮模型就像"接班人"的两条腿一样，相互支撑、缺一不可。观察卓越的管理者，我们会发现"小胜靠智，大胜靠德"。在培养"接班人"的终极计划中，我们选的是掌舵者，其"德""能"是相辅相成的两个部分。

在众多卓越的品德中企业更加关注的是忠诚、敬业、奉献和担当这四个维度。忠诚是"接班人"的核心品德，对企业的忠诚意味着他愿意花更多的时间和精力去做一件短期看不到结果的事情，更愿意把所有的人生规划都与企业绑定在一起，这也就意味着该"接班人"可以与企业一起走很久。敬业是接班人的工作品德，我们不得不承认，很多人是具备管理天赋的，有些事情他们并不需要那么长时间就能解决，但是无论时间长短都不能影响他们对待事情本身的态度，这就是敬业的体现。因为尊重工作，所以全力以赴。奉献是"接班人"的本源品德，奉献在很多时候并不是通过倡导就可以具备的，奉献精神往往是生活、工作积累后的行为反馈，也是发掘人内心本源的善念。"接班人"在工作过程中一定会碰到诸多不如意，吃亏的事情、委屈的事情，这都需要靠奉献这样的本源信念来做支撑。担当是"接班人"的外显品德，一个人如果碰到事情有勇气和责任感去承担相应的责任和后果，这是难能可贵的。通常具备这四个品德的"接班人"，我们认为他至少具备了德能兼备中的"德"要素。

在卓越的能力中，企业更加关注的是领导力、应变力、抗挫力和韧性。领导力是"接班人"的核心能力，进入淘汰赛的"接班人"都已经是管理经验很丰富的候选人了，但是领导力的强弱还是有很大分别的。领导力的相关核心要素在众多的关于领导力的书籍中都有描述，今天我们更加关注"接班人"是否具备影响他人、共启愿景的能力，能否带领团队一起实现企业的愿景和目标。应变力是指"接班人"的应变能力，面对企业外部市场与内部管理的风云变化，"每天都有新课题"这种说法一点都不夸张，想要处理好各个方面的变化，首先要具备的就是应变能力，这可以让"接班人"避免陷入焦头烂额的状态中。此外，"接班人"也要具备随时可以跳出来通观全局的能力，随时应对各种挑战。抗挫力是指"接班人"对抗挫折和压力的能力，没有企业的发展是一帆风顺的，总要经历高峰与低谷，领导者不能在高峰的时期满面春风，然后陷入低谷时就一蹶不振了。抗挫力考验的就是"接班人"在面对压力和挫折状态下的反应，能否沉着、冷静地去处理问题。韧性是"接班人"的本源能力，也是"接班人"在不同阶段运用不同的管理方式和手段，最终实现组织目标的能力。这个能力日趋变得重要起来，因为这个能力可以让"接班人"获得工作幸福感和成就感。

德能兼备，方显英雄本色。"接班人"淘汰赛只是优中选优的过程，每个"接班人"的能力差距已经不大，关键是品德差距，而这需要经过更为长久、持续的考查才能辨认，因为很多的品德是靠经历、靠时间才能有所反馈的。作为人力资源从业者，我们可以从品德的几个维度去设计考核指标，在各种关键事件中去观察、评估进而得出相应的结论。相信具有优秀品德的卓越管理者更能成为独一无二的"接班人"。

小　结　　与其追逐飞鸟，不如筑巢引凤。当今的组织已经意识到了人才的重要性，无论是从机制层面去设计学习地图让员工不断地获得能力提升，还是打造人才供应链体系让员工实现层级的跨越，都是在为培养人才做出努力。未来的时代一定是属于人力资本的时代，人才是企业的核心竞争力，做好人才培养与投资将是企业可以获得最大回报率的项目！

第四章

人力资源管理转型
实操之激励体系

好的价值体系离不开好的激励体系，设计一套激励体系就是在调制企业吸引人才的"配方"，让员工可以人尽其才，最终实现组织的收益最大化。

勒波夫（M. Leboeuf）博士在《怎样激励员工》（How to Inspire Staff）一书中指出，世界上最伟大的原则是奖励。受到奖励的人事会做得更好，在有利可图的情况下，每个人都会干得更漂亮。任正非也曾说过："华为之所以能做到今天这么大，就是因为分钱分得好。"如今，"高薪"几乎成为华为的代名词。华为的薪酬激励制度解决了企业的价值分配问题，这也决定了企业的成败。华为注重效果，强调贡献，也坚持将分配利益、分担责任贯穿在华为的人力资源建设之中，我们能看到的是，华为从来不担心人才流失的问题，因为随时都有新鲜的血液补充进来，并且很多优秀的员工愿意长期干下去。

今天，在人力资源管理体系中建立有效的激励机制已经成为人力资源管理成败的关键。众所周知，激励不仅是我们在人力资源六大模块中提到的薪酬和绩效两个部分，还有很多非物质激励的手段可以帮助人力资源从业者，运用激励机制去促进组织目标的达成。这就要求人力资源从业者能够清晰地判断激励的目标，深入探索员工能够被激励的动力源，并且能够设计出长期有效的激励模式，最终我们就能看到意料之内的激励效果。

第一节

绩效管理助推强化组织执行力

▲

"科学管理之父"弗雷德里克·泰勒在他的著作《科学管理原理》中提

出，科学管理相较于传统的管理模式来说至关重要。管理者负责进行任务分配、结果测量和实施奖惩，工人只需要在特定的某一细分岗位上按照管理者的要求去做即可，不需要做额外的思考。这套管理思想在 1913 年被福特公司转化为实际应用，设计了福特公司全球第一条流水线作业模式，并通过批量生产制造的模式实现了工人的日薪翻番，工作效率的提升以及工作时间的缩减等利好，最终使福特公司成为全球首个单年度盈利收入超过 1 亿美元的公司。正是因为泰勒将工作按照流水线来划分，并将复杂的生产制造工作分解为若干个简单的、可重复的单项工作，所以企业就可以为每个单项工作来设计考核标准，并通过考核来检验员工的工作成效。

绩效管理，是指各级管理者和员工为了达到组织目标，共同参与绩效计划制订、绩效辅导沟通、绩效考核评价、绩效结果应用、绩效目标提升的持续循环过程，其目的是持续提升个人、部门和组织的绩效。随着绩效管理的发展，我们会看到最初的绩效只应用在考勤上，在人力资源部还是劳资科的时期，只要不缺勤，你的工资都是照发的。等进入到下个阶段，企业发展已经进入要对工作结果进行评定的阶段，即绩效考核阶段，但也只是单纯地关注考核这个动作。等进入绩效管理阶段后，企业意识到绩效不仅是考核这一件事，还有前期的计划制订、后期的辅导评价应用等，因为绩效已经变成了一个循环，而不再是一个事件。未来的绩效管理将不再是管理手段那么简单，它将作为管理的助推工具，赋能组织发展，夯实组织的执行能力。

一、选 OKR 还是 KPI？绩效制定的三大原则

人力资源管理工具层出不穷，绩效的管理手段也变得多起来，这给人力资源从业者带来了很多的困惑。这就需要我们回归绩效管理的源头——

绩效管理到底是为了达到绩效指标还是实现管理组织的目标？单纯地为了达到指标而设定指标是毫无意义的，最终绩效管理也一定会流于形式。在组织管理中，绩效只是管理手段，而实现组织目标才是目的，绩效更重要的作用是要学会如何设定目标并管理目标。

管理学大师彼得·德鲁克在 1954 年出版的《管理的实践》一书中首次谈到了目标导向的管理方式。目标管理是一种以工作为中心和以人为中心的管理方式，要让目标成为成员的方向、激励、评价标准。德鲁克认为企业应该以目标为导向，通过管理授权的方式让员工拥有自我执行的意愿和能力，并达到组织最佳绩效的目的。组织中的最佳管理实践应该把组织目标与个人目标相结合，让员工在正确的激励方向上奔跑，成为组织需要的人才，更成为自己梦想中要成为的样子。

如今我们在市面上看到了众多的绩效管理工具，无论是平衡计分卡、目标管理、360° 评价这样的经典工具，还是 KPI（关键绩效指标）、EVA（经济增加值）、OKR（目标与关键成果法）工具，其应用场景和褒贬程度各有不同。作为人力资源从业者，我们要擦亮眼睛，组织希望我们通过绩效管理的手段实现组织发展的目标，然而实现这个目标的路径其实是有很多条的，所有的工具都有其适用性，但是合适永远比优秀重要。

今天，我们无论是选择 KPI 还是 OKR，都是人力资源管理的突破，但是我们要意识到，绩效管理不是一个非黑即白的事情，有的时候最好的管理手段反而是那些存在灰色地带的管理手段。当大家都在纠结 KPI 好还是 OKR 好的时候，我更愿意坚信——适合的方式最好。这个适合可能是其中某一种方法，也可能是两种方法的组合。我们要学会的是建立绩效制定的三大原则，保证绩效管理目标的达成（图 4-1）。

動机原则

目标原则 ⟷ 公平原则

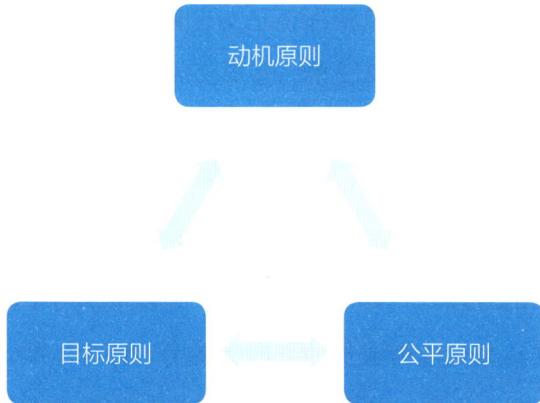

图 4-1　三大原则

1. 动机原则——热爱比考核更重要

动机是驱使人从事各种活动的内部原因。动机也有外部动机和内部动机之分。外部动机指的是个体在外界的要求或压力的作用下所产生的动机，内部动机则是指由个体的内在需要所产生的动机。动机理论的指导作用在于我们更加清晰地了解想要激励一个员工可以通过简单、直接的发钱实现，也可以通过尊重、认可、授权等方式去激励。但无论哪种方式都不能获得可持续的效果，我们曾经在课堂上做过粗略的调研，如果我们当下决定从下个月开始给员工的基本工资都涨 1000 元，员工觉得自己能为这涨了的 1000 元工资兴奋多久？我们课堂中的调研结果是：80% 以上的学员认为最多会兴奋 7 天，还有一小部分的"90 后"员工则给出了 3 个小时的答案。因此，我们能看到，发钱激励想要维持效果那就需要一直发下去，但是对于企业来说这是万万做不到的。动机原则需要内外两部分双管齐下，通过物质与非物质相结合的做法来达到激励的目的。

作为人力资源从业者，我们在设计绩效工具及制定指标的时候也需要从动机出发。因为热爱比考核更重要！组织中如果可以通过设计让工作变得更有趣，让每个员工做自己热爱的工作，这对于员工来说是一件非常幸福的事情。

举例来说，在笔者曾经服务过的一家化工研究院中有一位实验室主任，他上任主任岗位已有一年有余，但是工作状态、工作结果以及下属对他的反馈都不甚乐观。我们到企业做调研的时候，与这位实验室主任进行了面谈，此时我们才了解到这位主任原先是一位学霸，三清博士[①]毕业后来到这家研究院工作。他从实验室的科研人员做起，因为科研成果显著且带领其他科研人员多次取得国际、国内的研发奖项，研究院决定让他担任实验室主任一职。一个职位的晋升，却让这位学霸现在过得焦头烂额，他自己反馈最怕实验室的人有冲突，然后来找他，他恨不得赶紧跑，因为他也不知道该如何处理这些棘手问题。下级对主任的反馈是他原来是个科研能手，但是当了主任后每天都糊里糊涂的，经常说过的承诺不兑现，关键问题不做决策，让下属很郁闷。实验室的绩效考核指标这一年都没有完成，科研指标不理想，日常工作任务指标的完成也出现了问题。在我们进行了深入面谈后，主任表达了还想回去搞科研的想法。我们也把这个想法与研究所的领导做了反馈，在进行了综合的管理能力评价与沟通后，实验室主任被调整为实验室科研项目荣誉顾问，主抓科研相关工作。通过这个案例我们可以看到，管理岗位对那位主任来说是一个壁垒，他不喜欢，所以会选择躲避，进而出现了问题。但是每个人的优势是不同的，将员工放在合适的岗位上做出合适的激励才是最重要的。

2. 目标原则——方向比命令更重要

目标管理法一直都是绩效管理中的常用工具，也是目前市面上更加关

---

① 三清博士指本科、硕士、博士都在清华大学就读的清华学子。——编者注

注绩效管理对象（被考核者）本身的工具。作为人力资源从业者，我们会接触到多种多样的工具模型，同时也要有辨别模型适用性的能力。前文中我们提到的关键绩效指标、平衡计分卡、360° 考核都是关注结果导向的绩效工具，它们站在旁观者的角色上，作为法官去考核每个岗位有没有达成设定的目标。这样的考核工具的好处就是以结果为导向，以业绩为王，体系庞大的公司在规范化、流程化阶段是可以采用这样的工具的。同时，绩效管理也正在走入新的时代，因为被考核的员工已经不是原来的"70后""80后"，而是变成了 VUCA 的一代，公司的业绩与我何干？因此，我们只有将员工的目标与组织的目标合二为一，才能真正促成绩效管理的达成。

目标原则的应用在目标管理法和 OKR 中的应用更为广泛，考核者不再是法官，而是教练，要与员工共同设计目标，确定考核的标准；同时员工也不再是一个消极的旁观者，而转变为积极的参与者。每个目标都是大家共同的智慧结晶，每个指标都是大家的梦想，每个考核指标实现后的日子都是值得我们铭记的。这样的目标原则会帮助组织更快地达成目标。

3. 公平原则——透明比夸赞更重要

1965 年，美国心理学家约翰·亚当斯（John Adams）提出了公平理论，该理论的核心观点是，人们能够感受到的激励程度，是对自己和所选择的比较对象在工作中的投入与产出进行比较后的一种主观判断。当经过比较的结果相等或者相似时，人们会认为这是公平合理的；相反，如果经过比较的结果是不相等，人们就会产生不公平感，影响主观能动性的发挥。这在中国的古语中也经常会提到：不患寡而患不均，也是一样的道理，在企业发展的过程中规则越来越多，企业需要思考，能不能做到多劳多得、少劳少得、不劳不得，让每个员工内心的那杆秤一直都是稳稳的。

这就要把绩效管理不再当成一个考核事件来看，而是要从管理的流程中去找到平衡点。绩效管理①目标设定——②数据记录——③检查辅导——④考核评分——⑤反馈面谈——⑥绩效改进，每个环节都应该设计可视化看板，让一切有迹可循。

目标设定环节①中，要将组织绩效目标、部门绩效目标、个人绩效目标统一，每个目标都应该由相应的责任人签字确认，同时部门内可以看到每个人的绩效指标设定情况，组织内可以看到各部门的绩效指标设定情况。

数据记录环节②与检查辅导环节③应当是同步进行的，我们从来不建议绩效数据记录者是一个冷冰冰的考官，只看结果不问过程。相反，每一位考核者都应该在记录的过程中发现问题并完成检查和辅导的工作，这比数据记录要有价值得多。绩效管理的目的一定不是扣工资，而是通过辅导来帮助员工拿到更多的工资。

考核评分环节④中，要让每个得分都有数据源支持。加分和扣分的原因都应该有可验证的数据来源，并支持将该来源作为公开备查资料。这就要求我们尽量设计出可量化的考核指标。

反馈面谈环节⑤是我们将数据与事实和员工沟通确认的过程。这个环节的目的是改善现状，未来可以做得更好。那么这个环节的重点在于对问题的探究、找到改进方案，以及有后续行动等。

绩效改进环节⑥是将改进方案落地的过程，目的是希望下一次的考核可以做得更好。这时候我们可以将每个人的改善方案做公示，并查看大家的改进进度，从而有效地促进组织内部的积极互助。

一切的环节设计都要透明、公开，绩效不再是关起门做的事情，而是敞开大门共同商议，共同完善团队工作的过程，这是集体智慧的展示，也是组织提升的必经之路。

二、走形式还是真考核：绩效执行的五大关键节点

笔者在为企业做咨询的过程中，听到越来越多的声音是："嗨，老师，我们的绩效也就是走个形式！""这样考核跟没考一样，浪费时间！""依然大锅饭，干好干坏一个样，谁还信绩效啊！"等声音。正是由于不同的绩效工具在操作层面的难易程度不同，不同性质与不同发展阶段的企业只有适度地调整和应变才能让绩效管理为组织助力。

2007 年索尼董事天外伺朗发表的《绩效主义毁了索尼》一文中提出："绩效主义让索尼丧失了激情集团、挑战精神和创新精神，让创新先锋沦为落伍者。"文章深度剖析了在索尼走向衰退的过程中，绩效管理是如何起到推波助澜的作用，让索尼丧失了斗志。这篇文章将绩效管理中存在的众多问题一一罗列，也在当年掀起了大家对于去绩效管理化的争论。今天来看这篇文章仍值得我们深思。

2006 年索尼公司迎来了创业 60 年。过去它像钻石一样晶莹璀璨，而今却变得满身污垢、暗淡无光。因笔记本电脑锂电池着火事故，世界上使用索尼产锂电池的约 960 万台笔记本电脑被召回，估计更换电池的费用将高达 510 亿日元。

PS3 游戏机曾被视为索尼的"救星"，在上市当天就销售一空。但因为关键部件批量生产的速度跟不上，索尼被迫控制整机的生产数量。PS3 是尖端产品，生产成本也很高，据说每卖一台索尼就亏 3.5 万日元。索尼的销售部门预计，待 2007 年 3 月进行年度结算时，游戏机部门的经营亏损将达到 2000 亿日元。

多数人觉察到索尼的不正常恐怕是在 2003 年春天。当时据索尼财报公布，一个季度就出现了约 1000 亿日元的亏损。市场上甚至出现了"索尼冲

击"，索尼公司的股票连续两天跌停。坦率地说，作为索尼的旧员工，我当时也感到震惊。但回过头来仔细想想，从发生"索尼冲击"的两年前开始，公司内的气氛就已经不正常了，身心疲惫的员工急剧增加。回想起来，索尼是在长期内不知不觉地、慢慢地退化的。

"挑战精神"消失了，今天的索尼员工好像没有了自发的动机。为什么呢？我认为是因为实行了绩效主义。绩效主义就是："业务成果和金钱报酬直接挂钩，员工是为了拿到更多的报酬而努力工作的。"如果外在的动机增强，那么自发的动机就会受到抑制。

如果领导总是说"你努力干我就给你加工资"，那么以工作为乐趣这种内在的意识就会受到抑制。从1995年前后开始，索尼公司逐渐实行了绩效主义，成立了专门机构，制定了非常详细的评价标准，并根据每个人的评价来确定报酬。

但是井深的想法与绩效主义恰恰相反，他有一句口头禅："工作的报酬是工作。"就是说，如果你干了件受到好评的工作，那么下次你还可以再干更好、更有意思的工作。在井深的时代，许多人都是为追求工作的乐趣而埋头苦干的。

但是，因为实行绩效主义，员工们逐渐失去了工作热情。在这种情况下是无法产生"激情集团"的。为衡量业绩，首先必须把各种工作要素进行量化。但是许多工作都是无法简单量化的。公司为了统计业绩，花费了大量的精力和时间，而在真正的工作上却敷衍了事，出现了本末倒置的倾向。

因为要考核业绩，几乎所有人都提出了容易实现的低目标，可以说索尼精神的核心，即"挑战精神"消失了。因实行绩效主义，索尼公司内部追求眼前利益的风气蔓延。这样一来，短期内难见效益的工作，比如产品质量检验，以及"老化处理"工序都受到了轻视。

"老化处理"是保证电池质量的工序之一。电池制造出来之后不能立刻出厂，需要放置一段时间，再通过检查来剔除不合格产品，这就是"老化处理"。至于"老化处理"程序上的问题是否是上面提到的锂电池着火事故的直接原因，现在尚无法下结论。但我想指出的是，不管是什么样的企业，只要实行绩效主义，那么一些扎实细致的工作就容易被忽视。

索尼公司不仅对每个人进行考核，还对每个业务部门进行经济考核，并由此决定整个业务部门的报酬。最后导致的结果是，业务部门相互拆台，大家都想方设法地从公司的整体利益中为本部门多捞取好处。

（来源：《中国企业家》杂志 2007 年 Z1 期，原文刊登于日本《文艺春秋》2007 年 1 月刊，作者为索尼公司前常务董事天外伺朗。）

在索尼的案例中，我们看到绩效管理并不是一开始在索尼实行的时候就出现了问题，而是持续照搬西方的绩效考核，导致考核与企业文化环境脱节，目标与评价之间的绑定让员工失去了创新与改进的激情。团队竞争大于合作，加剧了组织内耗。而现在很多企业绩效目标的制定就像是个博弈的过程，双方讨价还价，以最低目标来获取高报酬已经变成常态。同时因为追求短期的业绩目标，而忽视了长期投入，出现了"本末倒置"的现象，忽视了很多关于产品质量检验的关键要素。因为考核结果影响个人乃至部门的报酬，从而出现了"业务部门互相拆台"的现象，导致大家都想从公司捞好处，没有人再去思考公司的存亡。这些种种都体现了绩效执行过程中的问题，也让我们去思考绩效执行过程中有哪些关键环节和节点是我们可以提前设定的，哪些风险是我们可以规避的。

要想让绩效执行依然有效果，就要把握绩效执行的五大关键节点（图 4-2）。

图 4-2　把握绩效执行的五大关键节点

（1）考核谁：明确对象，锁定责任。对象不同，考核周期、考核模式、考核机制都是不同的。通常在企业里我们会把考核分为两类，一类为中层及以下干部员工的考核，常采用短周期、弱激励、快兑现的方式来进行；另一类为中层以上领导干部的考核，常采用长周期、强激励、久兑现的方式来进行。目的就是让更高层级的领导在被考核时关注企业的长期发展，从而使组织中长期的激励作用变得更加明显。

（2）考核什么：明确行为与结果。在绩效考核中我们更喜欢设定可量化的指标，而忽视定量指标与定性指标的融合才是绩效管理的法外之情。因此我们会把考核分为行为指标和结果指标，很多企业在初级阶段就只设置结果指标，看员工的完成情况就好。很多发展中的企业我们都建议设定行为指标，我们会发现很多时候表现不等于业绩，我们要通过 360° 的考核，来验证哪些行为真的是对业绩有效的，可能你做了但是结果未必好，但是至少行为是值得我们鼓励的。

更重要的是考核什么内容不是领导说了算，不再是一个自上而下的指派工作，因为这样做员工对考核内容无感，就不愿意为之努力，所以绩效一定是自上而下和自下而上相结合的过程，战略目标的分解一定是自上而下的，但是岗位指标的设定也需要岗位人员自下而上地去提交。

（3）用什么考核：工具决定效率。目前在企业中采用最多的工具就是 KPI 和 OKR 了，两大理论的纷争也持续了很久，但是这两个都是非常棒的工具。KPI 作为中国企业应用得最为广泛的绩效考核工具，从一开始就把自己定位在战略的高度上。KPI 是将企业战略目标进行分解的工具，通过鱼骨图等方式将企业目标分解到部门，再将部门指标分解到个人，完成了指标的分解落地。OKR 自 1999 年由英特尔公司使用后风靡全球，现在众多互联网公司都采用 OKR 来代替 KPI 考核。OKR 除了包括 KPI 所具备的所有内容，还提供了更强大的信息透明、激发潜能、动态调整和目标对齐的功能。它让每个员工不是在被考核，而是在实现自己的目标。

（4）用什么质询：改善才能进步。在很多企业项目管理的过程中，都有一个关键的质询环节。这个环节的作用就是发现问题、解决问题、给出行动方案，因此质询方法可以采用绩效反馈面谈、绩效改进、月度质询会等方式来进行。目的就是一定要给出行动方案作为后续改善的支撑。

（5）怎么考核：细节决定成败。不同的考核周期、考核维度、考核兑现方式都会带来不同的激励效果，当然也包含正激励和负激励两方面。可能看似只是考核完多久发绩效工资这样的一个细节，就会决定绩效的最终效果。因此，我们要合理地设置考核方式，考虑到员工的基本生活要求、激励的及时性、考核难度等问题，通过不断调试修正的方式来设计考核。

绩效管理一定是一个真真正正落在实处的管理手段，形式主义是大忌。绩效管理最大的难度也是绩效执行，因为只有行动才能发现问题，只有真刀真枪地去操练了才知道问题在哪里。所以绩效执行不可怕，只要抱着真想把绩效做好的决心去行动，剩下的交给时间。

三、假改正还是真改善：绩效反馈的两大改善量表

绩效反馈（performance feedback）是绩效评估工作的最后一环，也是最

关键的一环，能否达到绩效评估的预期目的，在很大程度上取决于绩效反馈的实施。在这个关键环节中，我们会发现重点在于是真改还是假改。很多企业的绩效管理最后都流于形式，其原因就是忽略了最后沟通反馈的关键环节，这可不是管理者与被考核者两人互相谈谈心、聊聊天的事情，而是有方法、有步骤的标准化操作。

举例来说，笔者曾经服务过的一家施工建设单位在发展过程中想要告别简单粗暴的管理方式，于是引入了咨询公司来进行绩效体系建设，同时引入了一位人力资源总监来进行整体的落地工作。王主管是公司工程部的项目主管，兢兢业业地在公司干了三年多，一直工作得不错，也得到了领导和同事的认可。但王主管不善言辞，不太善于与领导交流工作之外的内容，也很少表达自己对公司、部门的期待和想法。这次新聘入的人力资源总监计划在年终时进行一次绩效反馈面谈，为下一年的绩效管理工作做好铺垫。王主管很忐忑，因为他不清楚新来的人力资源总监会与他交流什么。在年终绩效反馈面谈期间，人力资源总监和王主管交流了年度工作的整体表现，对他表示了认可，同时也提出了工作中需要进行改善的地方。王主管都虚心接受，感觉这次的绩效反馈面谈进行得不错。但是年底绩效考评结果出来的时候，他的反馈表上却写了很多问题和缺点，对他取得的成绩只有只言片语。这让王主管非常恼怒，因为面谈表都是随附在员工工作档案中并作为后期晋升依据的。因此，他决定直接去找领导反馈问题，不再相信人力资源部能客观公正地反馈问题。

我们一起来思考以下四个问题：

（1）人力资源在绩效反馈面谈中充当的角色是什么？

（2）人力资源部应该在绩效反馈面谈中做哪些工作？

（3）王主管的问题，未来会对组织产生什么影响？

（4）如何避免与王主管类似的问题产生？

带着这些问题，我们一起来落实绩效反馈的第一个改善量表——绩效反馈面谈表（表 4-1）。

表 4-1　绩效反馈面谈表

被考核人姓名		职位		考核成绩	
考核人姓名		部门		考核周期	_____年_____月
1、工作进步与不足					
2、考核人期望被考核人达到的水平？					
3、绩效差距在哪里？原因有哪些？					
4、下一月的绩效提升行动方案					
5、需要考核人提供哪些支持？					
被考核人签字： 日期：			考核人签字： 日期：		

在这个绩效反馈面谈表中，我们关注到核心关键要素有以下三个部分：

1. 谁来做反馈面谈

人力资源部并不是绩效反馈面谈的主体责任人，绩效反馈面谈一定是由被考核人的直接上级来进行的。这就涉及了角色定位的问题，被考核人的直接上级处在最清楚绩效结果的第一视角，也是最能发现问题的角色。人力资源部只是绩效反馈面谈的支持部门，提供数据支持或者问题支持，但是不起到主导作用。

2. 谈什么内容才是有效地反馈面谈

表中我们提出了五个问题，这是一套层层递进的逻辑。

（1）工作进步与不足。由被考核人对自身的进步与不足进行一个客观的评价和描述，这是一个关于基础数据的梳理、发现问题、找到痛点的过程。

（2）考核人期望被考核人达到的水平？考核人要表达自己的期待，作为主管上级，你应该对被考核者准确地讲述出达到良好的绩效水平应该具备的条件，即需要给出被考核人明确的量化标准、进步方向和实现路径。

（3）绩效差距在哪里？原因有哪些？被考核人的绩效差距点有哪些？造成没有达成绩效指标的原因是什么？这都需要被考核者和考核者互相沟通讨论并得出结论。

（4）下一月的绩效提升行动方案。发现问题不可怕，可怕的是同样的问题重复出现。因此被考核者在发现问题之后一定要提出整改建议，也就是在下一个考核周期内进行自我提升的具体行动方案。

（5）需要考核人提供哪些支持？很多问题的出现并不是靠自己就可以解决的，需要靠大家共同的努力。这时候被考核人需要哪些支持才能有效落实提升行动方案，作为考核者都要清楚并提供相应的支持。

3. 最后的签字画押为什么如此重要

很多反馈面谈最怕的就是只谈谈而已，谈的时候高谈阔论，结束之后还是走老路。因此，绩效反馈面谈之后双方要建立最基本的共识，需要签字画押，对所有面谈内容做确认。

第二个改善量表——考核改善的"反思弹窗"表（表 4-2）。

表 4-2 "反思弹窗"表

考核事项	帮助记录	改善记录	考核结果记录
考核事项 1			
考核事项 2			
考核事项 3			

在绩效管理的环节中，我们一直提倡先"帮助"后"考核"，先"改善"后"控制"，并通过监控过程来实现结果达到的目的。作为人力资源从业者，我们要带领员工走出"考核就是评价员工"的误区，而将绩效管理作为管理手段来帮助员工更好地完成工作。因为没有人是希望自己被考核的，但是没有人会拒绝别人的帮助。绩效管理的理念要从考核评价逐步转向帮助的角度，需要人力资源从业者对考核事项做出明确的帮助行动。

在"反思弹窗"表中，考核结果的记录只是最后一项，而在考核的整个过程中我们要先建立帮助记录：你对员工的考核事项提供了什么样的支持和帮助，员工因为你的指导和帮助做了哪些改善，最后才是这项工作的考核结果。这就变成了正向的绩效管理循环。一个看似小小的表格却蕴含着思维方式大大的转变。

绩效管理的目的一定是员工在未来可以将工作做得越来越好，将改善后的结果应用到组织管理中，并使组织得到持续发展。真的改善才能带来真的变化，让绩效管理成为提升组织执行力的助推器。

第二节

薪酬管理为组织持续力保驾护航

▲

薪酬管理是在组织发展战略指导下，对员工薪酬支付原则，薪酬策略，薪酬水平，薪酬结构，薪酬构成进行确定、分配和调整的动态管理过程。同时，作为一个动态的过程，人力资源从业者需要不断制订薪酬计划，调整年度薪酬预算，并结合组织的薪酬战略去制定激励措施。薪酬管理一直是人力资源管理模块中相对复杂又较为敏感的部分，牵一发而动全身，不动则停滞不前。因此，薪酬管理要达成公平性、有效性和合法性三个目标。

在《管子·国蓄》中提出"利出于一孔者，其国无敌；出二孔者，其兵不诎；出三孔者，不可以举兵；出四孔者，其国必亡。""利出一孔"的管理思想和激励机制也是很多互联网大厂在倡导的，因为坚持"利出一孔"的薪酬管理模式，薪酬分配的关注重点在工资、奖金和分工上，这让员工只要付出足够努力就可以获得足够多的报酬成为可能。这样员工就不会再去琢磨钻制度的空子寻找获得不义之财的手段，进而保证了组织不会被瓦解。只有驱动员工保持目标一致、力量一致、利益一致，紧紧团结在一起，才能构成组织的合力，实现公司发展、个人富裕的终极目标。

薪酬管理的关键在于它看似是一个隐形动力，为组织保驾护航的同时也在暗暗发力。作为企业持续发展的永动机制，薪酬管理任重而道远。

一、统一"价值主张"：薪酬战略与组织战略合二为一

薪酬战略作为薪酬管理中的顶层设计，决定着薪酬的走向和引导方向。

对于薪酬管理在人力资源管理中所占的重要角色，一方面我们看到薪酬管理服务于人力资源的整体工作，另一方面人力资源工作也服务于公司的整体战略。因此，薪酬管理设计的入口一定是一个自上而下的过程，从公司战略分解到人力资源战略，从人力资源战略分解出薪酬策略。基于战略导向设计薪酬管理体系可以帮助企业实现战略支撑，并实现对员工最合理的、最优的激励作用。

美国著名的战略管理专家布朗德（Blond）也提出了"以企业战略为导向的薪酬管理体系模型"（图 4-3）。

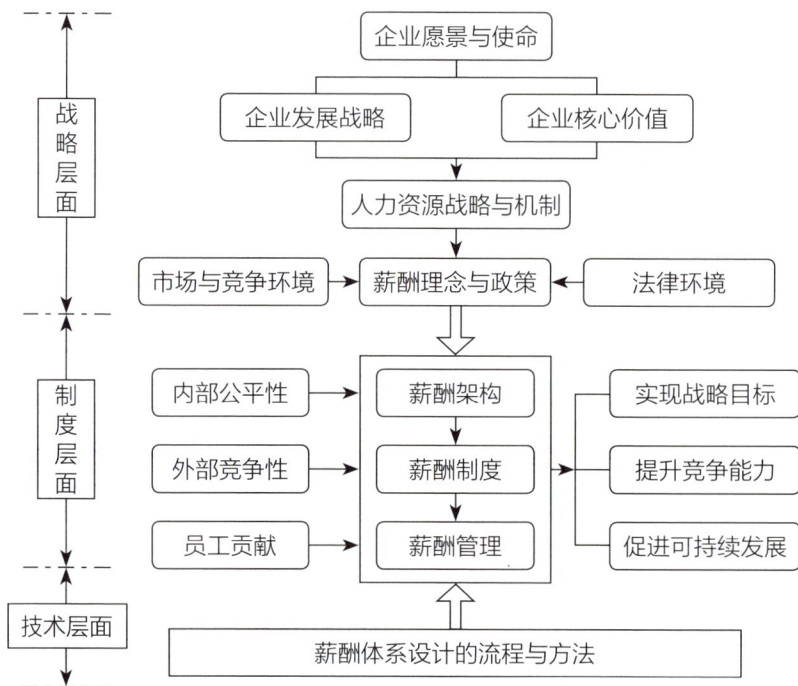

图 4-3　薪酬管理体系模型

人力资源工作旨在帮助组织实现更好发展，人力资源从业者能够优化薪酬体系设计的前提条件是熟悉组织战略导向。在这个模型中，薪酬体系的设计应当从三个层次逐层分解，从战略层面到制度层面，最后到技术层面。在战略层面，人力资源从业者要从企业愿景与使命出发，根据企业发展战略和核心价值观设计出符合企业发展定位的人力资源战略与机制。然后在人力资源战略与机制的指导下，客观地分析市场与竞争环境情况和外部法律环境的风险点，梳理薪酬理念与整体规划政策。在制度层面，要从薪酬的特性出发，秉承着内部公平性、外部竞争性和员工贡献的原则，通过设计薪酬架构、薪酬制度、薪酬管理体系来支撑原则的达成，并通过完善薪酬管理体系来实现企业的战略目标，提升企业的竞争力并做到通过薪酬体系来促进企业可持续发展的目的。在技术层面，设计薪酬体系的流程与方法，包括访谈调研、岗位评估、价值调查等，这些都是为了制度层面更加完善而做出的相应努力。

21世纪初，美国薪酬协会提出了第一个总体报酬模型，将总体报酬划分为薪酬、福利和工作体验三部分。2006年，该协会在上述模型的基础上进行了优化：工作体验被分解为平衡工作与生活、绩效与认可、个人发展与职业机会这三个模块，作用与薪酬、福利并列。总体报酬模型明确了薪酬战略的三个主要目标：吸纳、激励和留住员工。全面的薪酬体系能够对企业员工的行为产生积极作用，促进员工主动履行承诺、提高组织绩效和帮助企业实现经营目标。

无论是布朗德战略导向的薪酬管理体系模型设计还是美国薪酬协会对报酬模型的不断调整，都预示着一个新的时代已经到来了。薪酬管理不再只是发发工资、算算奖金那么简单的劳资科工作，而是要从角色上与组织战略相结合，形成组织内部统一的"价值主张"，通过薪酬的导向来明确公司的核心价值观。

那么薪酬支付到底为什么而付呢？很多企业都无法在付薪环节中做好评估和衡量，也面临着许多困境。在支付层面，如果一个员工的工作价值可以通过完全量化的数据进行衡量，那么就不会出现复杂的薪酬管理体系了。实际上在薪酬体系的设计中也是有支付的原则和标准的，这被称为薪酬支付的 3P 模型（图 4-4）。

图 4-4　3P 模型

1. 因人（pay for people）

组织为员工的能力及其为公司所创造的价值而付薪。在企业中，我们会发现一直有"同工同酬"的声音，认为只要在同一个岗位上就应该给予相同的薪酬。但是我们在现实的工作中会发现，即使是同样的岗位，让具备不同能力的人来做，最终的结果和对组织的贡献程度也是完全不一样的。有数据表明，同样的岗位不同员工创造价值大小的差异甚至可能会高达数十倍，因为能力真的会有差异，所以一定要给能力强的员工支付更多的报酬，以实现组织效能的最大化。

2. 因岗（pay for position）

组织为员工岗位的价值、所承担的责任，以及为公司创造的价值不同而付薪。在企业中，我们发现一定会有"鞭打快牛"的情况，其实这真的很正常。就像在企业中，我们也会有碰到问题先去找领导的习惯，因为觉得领导能快速解决问题。企业中也确实如此，部门负责人和总经理对企业的贡献程度一定不同，所以才会有岗位价值评估，通过价值评定来确定岗位的付薪标准。

3. 因绩效（pay for performance）

因为每个员工的绩效完成情况不同，为公司所创造的价值也不尽相同，所以组织依据绩效达成情况付薪。企业依据员工实际工作成果进行考核，考核结果与薪酬挂钩，实现多劳多得、少劳少得的激励目的和作用。

三种付薪模式代表的是不同薪酬战略的导向，很多人力资源从业者也会对三种模式谁赢谁输讨论得热火朝天。其实大家会发现三种模式并没有好坏之分，也不能将一种模式从一而终地应用在企业的薪酬管理中。我们会发现，"因人付薪"是根据员工的能力来支付薪酬，"因岗付薪"是根据员工当下所处的岗位价值来支付薪酬，"因绩效付薪"是根据员工过去完成的业绩情况来支付薪酬。因此，选择合适的付薪模式需要回归"这个方式是为谁服务的，想要达成的目的是什么"这一点。比如，有些企业的研发人员，在研发一个新产品的阶段是不创造绩效的，可能一两年研发活动都是失败的，甚至是个持续投入成本的过程。但是，对于研发人员我们付薪付的是能力，是因为在面试的过程中看到了他们的能力，所以我们为他们的未来付薪，这就是因人付薪。

薪酬战略的调整将决定薪酬结果的设计和绩效奖金的设定，但是核心的价值观不能动摇。我们也应该是以结果为导向的，在考核中尊重结果，更尊重价值贡献，同时将薪酬向奋斗者倾斜，让努力的人有好的回报。薪酬战略绝不是孤立的，应与组织战略相辅相成、彼此借力。

二、公开岗位"称重"：岗位价值评估五步法

岗位价值评估，又被称为岗位评测、职位价值评估、职务评价等，它是一种科学的、富有技术性的方法，是指人力资源从业者在工作分析的基础上，采取一定的方法，对岗位在组织中的影响范围、职责大小、工作强度、工作难度、任职条件、岗位工作条件等特性进行评价，以确定岗位在组织中的相对价值，并据此建立岗位价值序列的过程。

目前，岗位价值评估是人力资源管理中非常重要的评价体系，也是人力资源众多工作的基础。站在组织发展的角度来看，我们会发现岗位价值评估不仅是一个评价对岗位贡献大小的体系，还是管理者对岗位任职条件、管理模式等众多维度进行设计的基础。同时，我们也要走出一个误区，那就是岗位价值评估并不是绝对客观准确的，无论哪种岗位价值评估方法都不可能是固定不变的，会随着市场内外部环境、组织结构、岗位职责划分的变化而变化。

岗位价值评估的应用最重要的意义就是在薪酬管理体系中作为付薪的标准之一。但是岗位价值评估在人力资源的不同领域会有不同的应用方法，比如在组织结构的设计中，部门的岗位分配是需要根据岗位价值的大小来做调整和分配的；在职位图谱的设计中，岗位价值也将决定该岗位未来的晋升通道，每个层级的素质要求等都需要通过岗位价值评估来进行明确；在人岗匹配的过程中，需要根据岗位价值评估的结果来明确人员的胜任能力，根据任职资格和条件得出相匹配的结果。

基于岗位价值评估体系来设计薪酬体系，是科学、系统、合理地设计薪酬体系的最佳路径，也是未来薪酬体系调整的根本所在。目前市面上关于岗位价值评估的方法有很多，大体分为定性法和定量法两个方向，常用的有以下四个方法（表4-3）。

表 4-3　薪酬体系设计

	介绍	优点	缺点
排序法	依照单个简单的标准，对所有的岗位价值进行排序	方法简单、容易操作，不需要很长时间就能得出岗位价值结果	有较强的主观性甚至形成偏见，同时无法判断岗位价值间的差距
分类法	首先将所有待评价岗位根据岗位职责等影响因素进行划分，接下来针对不同类别的岗位，分别对它们的价值大小进行比较	方法简单、易于理解	适用范围较窄，在岗位种类过多或过少时，会面临类别划分的困难
因素比较法	首先选定一些评估因素，针对某一具体的评估因素，判断待评价岗位与其他岗位相比哪个更有价值，记录待评价岗位和其他岗位比较时被评定"更好"的次数，根据次数高低对所有岗位的价值进行排序	通过与其他岗位对比得出岗位价值排序结果，评价结论相对可靠、有效	只能用"高于"或者"低于"这类词来表示价值情况
要素计点法	把岗位的某些重要影响因素确定为评估因素，同时赋予不同权重，再将各评估因素划分为若干等级并赋予分值，在评估过程中，综合计算得到加权结果，即岗位价值的排序结果	这是一种可以得出精确结果且比较系统的评价方法	评价过程有些复杂，需要对评价者进行相关培训

　　当下在企业中应用范围较广且相对更具备影响力的就是要素计点法。比较常见的方法有：海氏评估系统、美世国际职位评估系统、翰威特职位评估体系等。在众多中国企业内部，我们采用了大量的海氏评估系统，并对系统中的要素做了本土化的改良，让这套岗位评价体系变得更具适应性。

无论采用哪种岗位价值评估方法，有一些原则都需要遵循。首先，我们的岗位价值评估只对岗不对人，也就是说，它不是对现在所在岗位上的人进行评价，而是针对这个岗位需要胜任的要素进行评价；其次，根据岗位价值评估要素的统一性原则，针对不同的岗位我们也要采用统一的要素进行评价，因为统一的要素才能体现出不同岗位所需要的创造的不同的价值；最后，岗位价值评估的评判具有独立性，其打分环节决定了最后的成绩，那么选择合适的打分者并对打分者进行事前培训就变得十分重要。

下面我们就目前应用最广泛的岗位价值评估方法加以说明，详细讲解一下形成岗位价值评估的标准化动作——岗位价值评估五步法（图 4-5）。

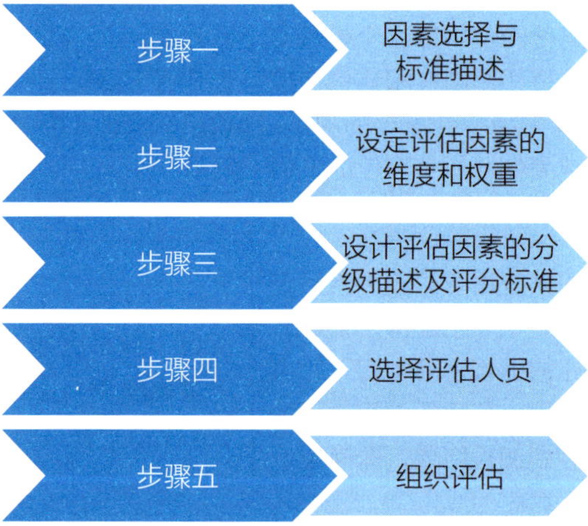

步骤一	因素选择与标准描述
步骤二	设定评估因素的维度和权重
步骤三	设计评估因素的分级描述及评分标准
步骤四	选择评估人员
步骤五	组织评估

图 4-5　岗位价值评估五步法

步骤一：因素选择与标准描述

我们一般在选择付酬因素时通常会考虑四个方面。一是责任因素，要充分考查员工的风险控制能力、内外部协调能力、工作结果、决策层次等；二是知识与技能因素，主要考查岗位所需的学历、资质、工作经验、专业知识、管理能力等；三是努力程度因素，主要考查工作抗压能力、脑力工作辛苦程度、创新与开拓能力、工作均衡性等；四是工作环境因素，主要考查职业病或者职业危害，以及工作环境、工作时间等（表4-4）。

表4-4　付酬因素

评价因素	常用的细分评价因素
责任因素	风险控制能力、内外部协调能力、工作结果、决策层次
知识与技能因素	学历、资质、工作经验、专业知识、管理能力
努力程度因素	工作抗压能力、脑力工作辛苦程度、创新与开拓能力、工作均衡性
工作环境因素	职业病或职业危害、工作环境、工作时间

我们并不是要依据上述所有因素进行评价，而是要根据企业的实际情况和岗位评价的操作程度等来选定细分因素中的5—8个作为合理的考查因素。

选出因素后要对每个因素进行具体的描述，让评价者可以了解因素特点，并对不同情况下该如何打分有一个初始的理解（表4-5）。

表4-5　具体描述因素

责任因素
1.风险控制的责任
因素定义：指在不确定的情况下，为保证贸易、投资、产品开发及其他项目的顺利进行，并维护我方合法权益所担负的责任，该责任的大小以失败后造成损失的大小为判断标准。
2.直接成本/费用控制的责任
因素定义：指在正确的工作状态下，因工作疏忽而造成的成本、费用、利息等额外损失所需承担的责任。

续表

责任因素
3. 指导监督的责任
因素定义：指在正常的权力范围内所拥有的正式指导监督的职责。其责任的大小由被监督指导人员的数量（所有下属的数量）决定。
4. 内部协调责任
因素定义：指在正常工作中，需要与内部其他部门合作共同开展业务的协调活动，其责任的大小以协调对象的所在层次、人员数量及频繁程度和失调后果的大小为判断基准。
5. 外部协调的责任
因素定义：指在正常工作中，需维持的密切工作关系以便承担顺利开展工作方面的责任，其责任的大小以对方工作的重要性为判断基准。
6. 工作结果的责任
因素定义：指对工作结果承担多大的责任，以工作结果对公司影响的大小为判断责任大小的基准。
7. 组织人事的责任
因素定义：指在正常工作中，对人员的考核、工作分配、激励等活动具有法定的权力。
8. 法律上的责任
因素定义：指在正常工作中，需要拟订和签署具有法律效力的合同，并对合同的结果负有相应的责任。其责任的大小以签约、拟订合同的重要性及后果的严重性为判断基准。
9. 决策的层次
因素定义：指在正常的工作中，需要参与的决策，其责任的大小以参与决策的层次高低为判断基准。

以上工作完成了因素的选择和标准的描述。

步骤二：设定评估因素的维度和权重

选出评估因素之后，我们需要对每个因素设定具体的评估权重，但是所有因素的评估权重合计应为 100%。这么做是因为不同的因素对工作岗位价值的影响程度是不同的，责任因素更能反馈岗位价值的大小，而工作时间、环境等因素也会作为次要因素被考虑。因此，我们要对那些影响岗位价值较大的因素给予更高的权重比例，但是单因素最高权重也不建议超过30%，单因素最低权重也不建议低于 5%。这样做主要是为了避免出现过于影响评估成绩或者对评估成绩作用不大等情况。

在因素权重设计层面，也要考虑岗位特质和实际情况（表 4-6）。

表 4-6　因素权重设计

责任因素（合计50%）	占比（%）	知识与技能因素（合计30%）	占比（%）	努力程度因素（合计10%）	占比（%）	工作环境因素（合计10%）	占比（%）
风险控制	20	学历要求	10	工作压力	5	工作时间特征	10
内部协调	15	工作复杂性	10	工作紧张程度	5	—	—
组织人事	15	专业知识能力	10	—	—	—	—

一般来说，权重分配应当遵循责任因素占比最大，知识和技能因素次之，努力程度因素再次之，工作环境因素占比最小的原则，通过筛选不同因素来对岗位进行价值评估。

步骤三：设计评估因素的分级描述及评分标准

我们在完成了因素的选择和标准的定义后，通过权重来确定因素的重要程度，为了后期可以更好地打分，我们要对每个因素进行不同分值的描述，以确定明晰的评分标准（表 4-7）。

表 4-7　因素分值描述

评估因素		
Ⅰ　责任因素		
1.1　风险控制的责任		
因素定义：指在不确定的情况下，为保证贸易、投资、产品开发及其他项目的顺利进行，并维护我方合法权益所担负的责任，该责任的大小以失败后造成损失的大小为判断标准。		
0	无任何风险。	0
1	仅有一些小的风险。一旦发生问题，不会给公司造成多大影响。	20
2	有一定的风险。一旦发生问题，给公司造成的影响能被察觉。	40
3	有较大的风险。一旦发生问题，会给公司带来较严重的损害。	60
4	有极大风险。一旦发生问题，对公司造成的影响不仅不可挽回，而且还会致使公司出现经济危机甚至倒闭。	80
1.2　直接成本 / 费用控制的责任		
因素定义：指在正确的工作状态下，因工作疏忽而造成的成本、费用、利息等额外损失所需承担的责任。		
1	不会造成成本费用等方面的损失。	5
2	造成较小的损失。	15
3	造成较大的损失。	20
4	造成重大的损失。	25
5	造成不可估量的损失。	40
1.3　指导监督的责任		
因素定义：指在正常的权力范围内所拥有的正式指导监督的职责。其责任的大小由被监督指导人员的数量（所有下属的数量）决定。		
0	不监督指导任何人，只对自己负责。	0
1	监督指导下属 3 人以下。	10
2	监督指导下属 4—10 人。	15

续表

评估因素		
3	监督指导下属 11—20 人。	20
4	监督指导下属 21—35 人。	25
5	监督指导下属 36—50 人。	30
6	监督指导下属 50 人以上。	40
1.4 内部协调责任		
因素定义：指在正常工作中，需要与内部其他部门合作共同开展业务的协调活动，其责任的大小以协调对象的所在层次、人员数量及频繁程度和失调后果的大小为判断基准。		
0	不需要与任何人进行协调，若有需要，也是偶尔与本部门的一般职工进行协调。	0
1	仅与本部门职工进行工作协调，偶尔与其他部门进行一些个人协调，协调不力一般不影响自己和他人的正常工作。	7
2	与本部门和其他部门职工有密切的工作联系，协调不力会影响双方的工作。	15
3	几乎与本公司所有一般职工都有密切的工作联系，或与部分部门经理有工作协调的必要。协调不力会对公司产生一定的影响。	22
4	与各部门的经理及负责人都有密切的工作联系，在工作中需要保持密切联系和沟通，协调不力会对整个公司产生重大影响。	30

评估因素的分值差异要保持统一标准，确保分值差异准确。

步骤四：选择评估人员

评估人员应选择那些能够客观、公正地反馈评估意见的人。一般我们会从四个维度去选择评估人员，一是公司的内部人员，由公司高管团队、人力资源团队、跨部门的部门负责人和各部门的核心骨干员工组成；二是公司上级主管单位的相关负责人，或者由外部客户、供应商等组成；三是由行业专家组成；四是由外部顾问组成。

不同维度评估人员的选择是为了保证评估结果的公平有效性，同时要注意自己不能给自己的岗位进行评估打分。

步骤五：组织评估

很多评估人员对于评估工具的使用、评估过程的控制，以及评估形式都不甚了解。首先，要在评估前安排所有评估者对评估工具进行系统的学习，让评估者熟悉工具简介、使用方法、评估过程中会出现的问题等。其次，对于整个评估过程要有第三方的监督团队全程进行监督，为了保证评估的独立性和公平性，全程都应配有咨询引导者，对现场问题给予解答。最后，要完成评估后的回顾工作，发现整个过程中的问题并在下次评估中及时修正。

岗位公开"称重"的过程，是针对岗位价值的最为客观、真实的评估程序，为后期的人力资源薪酬管理工作提供了基础支持。只有客观的岗位价值评估，才能让各个岗位的员工能够拿到与其付出相匹配的薪酬。

三、循规蹈矩也能"破局"：优化薪酬体系的三大突破秘籍

薪酬管理一直都是人力资源管理模块中相对传统的部分，但是传统不代表不能够有创新，不代表不能够创造新的价值点。想要破局，建立一套全面的薪酬管理体系，让薪酬管理体系变得更加灵活，就要打破原有薪酬的概念，尝试在薪酬总额的决策机制上、人工成本占比上，以及薪酬动态调整机制上设计一些创新点。

在循规蹈矩地设计薪酬体系的过程中，人力资源从业者会发现，落后的结构设计和故步自封的奖金策略都会造成薪酬激励作用锐减。在众多企业都在尝试用宽带薪酬来解决问题的时候，往往也会忽视还有一些方法可

以做突破。本章我们就一起学习下优化薪酬体系的三大突破秘籍（图4-6）。

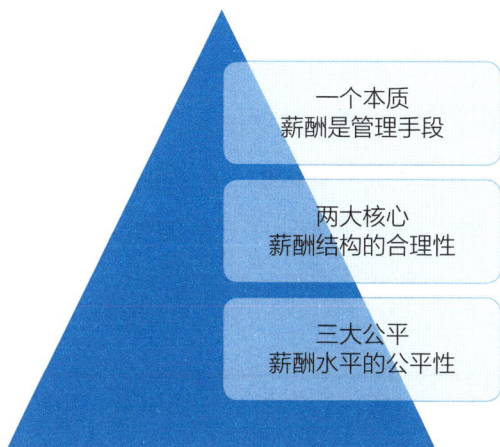

图 4-6　三大突破秘籍

1. 三大公平——薪酬水平的公平性

公平性问题一直都是薪酬管理中困扰人力资源从业者的难题。很多薪酬体系的设计都是结合了市场上同等付薪区间后给出的合理化建议，但是依然会有员工不满意，会去做各种各样的对比。因此，我们在薪酬水平的公平性方面要讲求三个公平：外部公平、内部公平、自我公平。

外部公平，是指员工将自己的薪酬和本单位以外人的薪酬进行比较，判断分配是否公平。薪酬比较范围包括但不限于同行业、同地区、不同行业、不同地区的企业或事业单位。解决薪酬外部公平，需要企业通过薪酬市场调查、了解行业和对标企业的薪酬管理情况。有针对性地设计或调整本单位的薪酬水平和薪酬结构可以提升市场竞争力。员工经常会和外部人员做对比，比如：我的同学跟我一样都是一毕业就进入制药企业工作，为什么我每个月就比她少拿1000元钱？这是很多员工都面临的挑战，之所以想要换个工作、换个环境，就是因为看到别人的条件比我现在要好。但是很多员工都不会深究比如工作时长、工作环境、人际关系等其他条件因素。但是外部公平也不可以被忽视，我们要主动给员工创造了解外部环境的机会，比如，每年度都有行业薪酬白皮书的发布，我们可以分享给员工，让他们了解外部的真实情况，这有助于员工的稳定。当然，有些人力资源从业者会说，"我们的薪酬水平本来就低，如果再让员工看到外面的薪酬标准，岂不是都跑了"？其实不然，薪酬水平是由很多因素共同决定的，我们要学会分析薪酬数据，并根据公司现有的付薪能力和发展水平将公司的核心优势阐述明确。

内部公平，是指同一岗位的人员在工作内容、工作强度、工作时间都相似的情况下，得到的薪酬水平是相似的。我们在给很多企业做咨询的过程中，经常碰到的现象是，一名工作了二十多年的办公室后勤人员比一名工作了三年多的办公室后勤人员要多拿很多的工资。而实际的工作情况又是年轻人干得比老员工要更多一些，但是老员工的工龄、司龄等一系列数值的综合得分又让年轻人有苦说不出。这时候，内部公平性问题就显现出来了。我们需要建立一套动态的调整机制，并基于岗位价值评估后将人员套级套等的规则，让岗位的评价与工作量、工作强度都紧密挂钩。只有保证了内部的公平性，才能让员工充满斗志地去工作。

自我公平，是指在工作场域中自己付出的时间、精力与薪资是否成正比。这时候每个人心里都有一杆秤。我们在进行离职面谈的时候，经常会碰到这样的反馈："我觉得薪酬其实还可以，但是我觉得我的投入和产出不成正比，感觉自己应该拿到得更多。"这时候，作为人力资源从业者，我们能做的就是积极地回应，并表示对每个人贡献的认可。同时，在后期我们还要做的事情就是在企业中树立标杆，让那些具备奉献精神、企业精神的员工的事迹在企业里得到宣传。我们要让每个人都看到，其实还有更优秀的人，他们是怎么做的，让他们成为全体员工心中的标杆。

2. 两大核心——薪酬结构的合理性

薪酬结构，作为薪酬策略中的核心之一，体现了企业在付薪的时候所倡导的方向。薪酬结构策略在本质上其实是一种分配策略，对于不同的结构设置的分配机制也是不同的。有几种比较经典的结构模式，比如"高底薪＋低提成"的高固定模式、"低底薪＋高提成"的高浮动模式、底薪与提成比例差异不大的稳定模式。无论哪种模式体现的都是薪酬结构中的固浮比，作为人力资源从业者，我们要思考的是对于员工来说哪种方式更具有激励性。通常，管理型岗位、销售型岗位都属于业绩变动较大，且对组织影响较大的岗位，我们都是采用高浮动模式，让绩效工资占比更大一些。而对于后勤、服务等岗位的人员，受公司整体业绩的影响较小，且对组织绩效的发展也影响不大，我们通常都会采用高固定模式。薪酬结构的设计目的就是实现激励作用，结合组织需要对设计结构模式进行合理化也是人力资源从业者的基本功之一。

薪酬调整，目的是在奖优罚劣的前提下，鼓励员工做出贡献，通过不断地调整变化让员工能够看到未来获得更多报酬的可能性。薪酬的调整要遵循方向调整、架构调整、个别调整三个方向，根据企业发展的实际情况来设计相应的调整机制。

方向调整，是基于薪酬总额的调整机制，参考过去薪酬总额与公司业绩的实际挂钩情况，并通过设计合理的驱动因素来调整薪酬总额。架构调整，是基于外部市场环境变化、付薪水平变化而进行的薪酬策略的调整，以期能够保证留住人才并创造价值。个别调整，是针对一些特殊的岗位以及具有特殊贡献的人群，为他们设计的一种特殊的薪酬调整机制，目的是激励特殊贡献人群。

3. 一个本质——薪酬是管理手段

谈薪酬管理就必然会谈到"公平"，因为薪酬是用激励的手段来管理员工的期望，所以薪酬其实就是管理手段。薪酬管理就是一个沟通的过程，其作用为管理员工期待、管理部门协作、解决职业倦怠，突破功劳温床。

管理员工期待就需要人力资源从业者合理地设置个人提升或者奖金提取的方式，让所有努力付出的员工都能得到回报，并明确自己的努力方向。人力资源从业者通过不断测算业绩与提成之间的配比关系，找到最佳激励点。

管理部门协作，是希望所有的激励都能以团队的方式分享出来，这就产生了部门绩效的二次分配问题，部门内不是一个人单打独斗就可以获得业绩的，而是靠每个人的付出。因此在很多企业里，公司整体的业绩达成后销售部门只拿提成的 70%—80%，剩下的要分给相关的支持部门、职能部门等。

解决职业倦怠，是当员工的收入水平在很长一段时间内一成不变时，很多人就会去思考自己所创造的价值，也会去考虑职业方向的调整，所以在这个过程中人力资源部门要提供刺激要素，设定薪酬变化的调整路径。

功劳温床，是企业最怕碰到的问题，一群功臣元老躺在功劳簿上，后起之秀不敢提出异议。这会带来企业文化的质变，因此功劳的温床不可常设，要让每个创造价值的人都走到收益的前面。

"破局"是向内看的过程，是优化自身功能，不断取得突破的必经之路，也是薪酬体系得以良性循环的保证。

第三节

激励管理点亮组织生命力

▲

　　管理学大师彼得·德鲁克说过："如果一个人发自内心地喜欢自己做的事，那么他就不是在工作，而是在享受。"诺贝尔物理学奖获得者阿瑟·伦纳德·肖洛（Arthur Lenard Schawlow）也曾在 1981 年回答"高创造力的科学家与低创造力的科学家之间有什么区别"的时候回应道："努力对于爱好来说是最重要的。"这也强调了内在动力的重要性，我们当下讲内驱力，要让一个人具备自驱力去成长、发展、努力，需要很多的外部要素给予支持。

　　美国的行为科学家弗雷德里克·赫茨伯格（Frederick Herzberg）提出了双因素理论，指出影响人们工作行为的原因主要有两种：激励因素和保健因素。激励因素基本上同工作本身及工作内容有关，而保健因素则基本上仅同工作环境或工作条件有关。要想激发员工的积极性，不能只关注物质层面的外部因素，更需要重视员工的心理感受，提供学习机会、职业规划，注重精神鼓励，重视团队氛围的营造，由内向外的激励起到的作用才更有效。在众多的人力资源专家不断谈赋能、谈组织激励的时候，作为人力资源从业者的我们要学会创造工作中的乐趣，寻找工作中的趣味，让员工乐于工作。

　　激励管理的作用在于赋能，通过一个小小的基点就可以激发大大的能量；激励管理的作用也在于点亮，通过一颗小小的火种就可以照亮整个草原；激励管理的作用更在于幸福，通过小小的努力就可以温暖整个组织。组织的生命力需要靠激励来点燃，更需要靠激励来延续。

一、给钱还是给权：激励的需求动机模型

美国哈佛大学教授戴维·麦克利兰是当代研究动机方面的权威的心理学家。他从 20 世纪四五十年代起就开始对人的需求和动机进行研究，提出了著名的"三种需要理论"，并得出了一系列重要的研究结论。麦克利兰把人的高层次需求归纳为对成就、权力和亲和的需求。

成就需求（Need for Achievement）：争取成功或希望做到最好的需求。麦克利兰认为，具有强烈成就需求的人渴望将事情做得更为完美，会自觉提高工作效率，以获得更大的成功。他们追求的是在争取成功的过程中克服困难、解决难题、努力奋斗的乐趣，以及成功之后的个人成就感，他们并不看重成功带来的物质奖励。

权力需求（Need for Power）：影响或控制他人且不受他人控制的需求，是影响或控制别人的一种愿望或驱动力。不同的人对权力的渴望程度也有所不同。权力需求较高的人对影响和控制别人表现出很大的兴趣，喜欢对别人"发号施令"，注重争取地位和获得影响力。

亲和需求（Need for Affiliation）：建立友好、亲密的人际关系的需求，是寻求被他人喜爱和接纳的一种愿望。高亲和动机的人更倾向于与他人进行交往，至少是为他人着想，因为这种交往会给其带来愉悦。

我们会发现三种需求理论都是基于人内心真实的动机演变而来的，那么激发其产生内在动力，建立一种"这是我必须要做的事情"的状态是十分必要的。我们要先回归初心去看看内在动力到底从何而来。工作需要建立的内在动力就是工作成就感。

这方面有个非常经典的小故事：

一条猎狗将兔子赶出了窝，一直追赶它，追了很久仍没有抓到。牧羊

人看到此种情景，讥笑地对猎狗说："你们两个之间，小的反而跑得更快。"猎狗回答说："我们两个跑的意义是完全不同的！我仅仅是为了一顿饭而跑，而它却是为了性命而跑呀。"

猎人想，猎狗说得对，我要想得到更多的猎物，就得想个好办法。于是，猎人又买来几条猎狗，凡是能够在打猎中抓到兔子的猎狗，就可以得到几根骨头，而抓不到兔子的猎狗就没有饭吃。这一招果然奏效，猎狗们纷纷努力去追兔子，因为谁也不愿意看见别人吃骨头，自己没有吃的。过了一段时间，问题又出现了，大兔子非常难抓，而小兔子好抓，抓到了大兔子得到的奖赏和抓到小兔子得到的奖赏差不多，善于观察的猎狗发现了这个窍门，于是专门去抓小兔子，慢慢地，大家都发现了这个窍门。猎人对猎狗们说："最近你们抓的兔子越来越小了，为什么？"猎狗说："反正不会有太大区别，为什么要去抓大的呢？"

猎人在猎狗中引进了竞争机制，在一段时间内确实收到了效果，但是随着时间的推移，骨头对于猎狗们来说，诱惑力越来越小了。

猎人经过思考后，决定不再将分得骨头的数量与是否抓到兔子进行挂钩。而改为每过一段时间，就统计一次猎狗抓到兔子的总质量。按照质量来评价猎狗，并决定它们在一段时间内的待遇。于是猎狗们抓到兔子的数量和质量都增加了，猎人很开心。但是，又过了一段时间，猎人发现猎狗们抓的兔子的数量又下降了，而且越有经验的猎狗，抓兔子的数量下降得越厉害。于是猎人又去问猎狗。猎狗说："我们把最好的时间都奉献给了您，主人，但我们随着时间的推移会变老的，当我们抓不到兔子的时候，你还会给我们骨头吃吗？"于是，有些猎狗离开了猎人，自己抓兔子去了。

工作成就感是指员工推进或完成一项工作时，为自己所做之事感到愉快或有成功的感觉。根据动机理论，可以得出以下公式：

$$工作成就感 =（重要性 + 完整性）\times 自主决策 \times 有效反馈$$

通过这个案例我们会发现猎狗的工作成就感并没有从一开始就被激发，所以才会有后面虽然业绩贡献看起来很好了，但是依然出现了猎狗离开团队的悲剧。因此，创造工作的成就感才是核心。

首先，工作成就感源于重要性，一方面是工作内容的重要性，因为工作的不可替代性和重要程度会让员工觉得自己所做的事情充满价值；另一方面是工作态度的重要性，领导者是否在安排工作的时候提前说明了完成这项工作对整个团队乃至组织的重要意义。

其次，工作成就感源于完整性，每个人在做事情的时候都喜欢从一而终，希望能够从头到尾完整地跟进，不希望只知道一些皮毛，没有深入地了解。因此，在给员工安排工作的时候要看工作内容的完整性，充分体现工作的全貌。

再次，工作成就感源于自主决策，员工最怕交代给自己的事情自己做不了主，还要问东问西，最后听别人的意思再做。如果想让员工有工作成就感就要学会授权，让员工有自己能够决定自己工作的驾驭感。授权不是放手不管，而是在明确边界和内容的前提下进行工作的授权，明确哪些事情是员工可以自己决策的，哪些是需要向上沟通协调的。能够完成工作事项的自主决策是工作成就感的重要来源之一。

最后，工作成就感源于有效反馈，员工在努力创造价值的时候最希望被人看到。这就需要我们随时就员工工作的成果、效果等多方面做有效的反馈，正向、负向的反馈都需要，但是我们更希望正向的反馈多一些，只有正向激励员工去创造价值才能让员工具有工作的内生动力。

因此，激励到底是发钱好还是给权好呢？其实这两种方法都不是最佳解决路径，物质激励只能带来短暂的效果，但是完全放权也容易造成管理的失控，所以我们还是要以创造员工工作成就感为目标，通过工作内容的设计、自主决策、有效反馈机制的建立，让激励变成激发员工自身需求动机的过程。

二、"绩效错觉"还是"情感防御"：高效激励的五星模型

很多时候组织并不太关注绩效指标以外的事项，总是把绩效成绩作为组织考核的唯一标准，却忽略了绩效背后可能造成的错觉。难道绩效指标一片喜人的背后就是组织的高效表现吗？答案是未必。很多组织在设定绩效指标的时候都是通过自下而上的提报方式进行的，很多员工都清楚，想要绩效获得高分，首先要把指标完成，所以就会出现所有员工和部门的指标都完成了但是公司整体的指标并没有完成的尴尬局面。于是，企业开始自上而下地去分解指标，这样就能保证组织整体指标的完成率了吧？其实我们又忽视了一点，那就是员工没完成指标的时候其实是有千万种客观理由的，于是他们走申诉这条路，表示即使没完成也不是他们的错。这样看来，绩效指标的制定就变成了组织自己哄自己玩的闹剧。作为人力资源从业者，大家或许都面临过这样的困惑，也曾寻求解决路径。我们前面也讲到绩效是管理手段，但更是沟通工具，我们需要通过情感沟通来实现最终目标。

在沟通中有个著名的理论叫作周哈里窗（Johari Window），它是由心理学家约瑟夫·勒夫（Joseph Luft）与哈里·英汉姆（Hary Ingham）提出的，就是用窗户来比喻一个人的心，把这个窗户分成四部分，那么它就有左上部分、右上部分、左下部分和右下部分。一个人对这四部分的认识就共同构成了一个完整的自己。周哈里窗展示了关于自我认知、行为举止和他人对自己的认知之间在有意识或无意识前提下形成的差异分为四区，依次是①公开区；②盲点区；③隐藏区；④未知区（图4-7）。

	自己知道	自己不知道
别人知道	公开区	盲点区
别人不知道	隐藏区	未知区

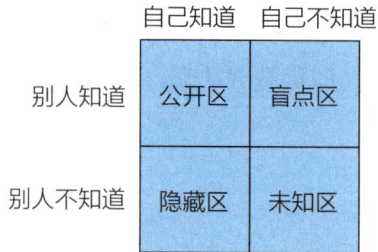

图 4-7　周哈里窗

在激励活动中，如果方向错了就会导致不理想的效果。从情感的角度出发，我们需要不断扩大自己的公开区域，通过坦诚相待来获得最大的信任。让彼此互相了解才能更好地激励他人。因此，我们在激励活动中要主动寻求情感的支持，激励不是一套硬邦邦的标准组合拳，而是用心去构建房子的行为。

在给众多企业做咨询项目的过程中，我们发现要想让激励变得有效就必须从五个维度入手，即高效激励的五星模型（图 4-8）。

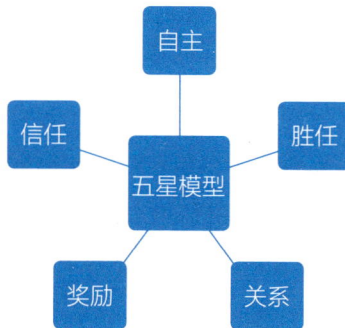

图 4-8　五星模型

1. 自主

无论是外部的调节方式还是内部的调节动力，都需要一个内在的原动力去进行整体调整，这就是自主性动机。从字面上来看，自主就是自己给自己做主，是一种自我管理的意识。这就意味着自主是不受外界控制和左右的，是一种自愿自发去做某事的状态。这时候，人可以体验到自我决策的心理感受。

作为人力资源从业者，我们在激励员工的时候，首先要思考的就是如何建立一套能够让员工拥有自主性的机制。这套机制要提升的是员工的组织"责任感"。在工作安排层面员工要有决定权，可以自主选择工作形式，可以决策工作结果，可以评判并改正工作问题。责任感一定不是与生俱来的，而是可以通过培养获得的，它是从让员工在每件事中不断自主决策的过程中逐步培养起来的。

2. 胜任

胜任感源于社会学习理论的创始人班杜拉（Albert Bandura）的自我效能感（Self-efficiency）概念。班杜拉认为自我效能感是个人对自己完成某方面工作能力的主观评估，这一评估结果将直接影响一个人的工作动机。

作为人力资源从业者，我们发现胜任能力将决定员工未来在组织中的价值。这其中就有一件非常重要的事情需要每个人都会做，那就是"赞美"。胜任能力一定是鼓励出来的，没有哪个人天生就可以把一件事情做到完美，我们需要不断地鼓励、赞美他人，并让所有的赞美都有理可依，让员工能够真实地感受到组织的关注。同时，胜任能力是通过不断试错才获得的，面对错误我们的态度将决定员工下一次的行为，因此充分地包容和理解并给予适当的鼓励是每个人力资源从业者都应该学会的事情。

3. 关系

人作为社会性动物，没有一个个体可以脱离社会关系而存在。著名心理学家阿尔弗雷德·阿德勒（Alfred Adler）说过，"一切烦恼都来自人际关系"，反过来说，其实"一切幸福也都来自人际关系"。关系其实是人与人之间积极情感的共鸣，更是爱的连接。因此在组织中，达到绩效并不是直接目的，它是在建立幸福组织之后的水到渠成，充满幸福感的组织必然会让员工拥有良好的工作关系。

作为人力资源从业者，我们有责任去塑造一个关系良好的组织，打造一个充满幸福感的组织环境，很多企业把这种关系建设归为企业文化建设也是合理的。我们会发现，很多企业在离职员工中都会存在一个组织叫作"离职员工联盟"，这个组织非常的稳定而且互利互惠，原因就是之前的工作关系建立了沟通的基础，大家一起奋斗过，一起挨过训，一起背过锅，所以大家在都离开公司后依然可以互相帮助。事实上，我们更应该思考如何去建立在职员工联盟，让大家在职期间都可以积极地配合彼此，达成和谐的企业文化氛围。此外，我们在工作的安排与反馈层面更应该注重同事间的相互信任和彼此的尊重，形成良好的互动机制。

4. 奖励

奖励是一种激励手段，是焕发人们的荣誉感和进取心的措施，是一种调动员工的积极性并最大限度地挖掘员工潜在能力的管理方法。奖励的方式有物质奖励与非物质奖励，两种方式都是通过激励的手段来实现激发积极性的过程。

在中国春秋末期，齐国有位著名的军事家田穰苴，他在兵书《司马法·天子之义》中这样评价不同朝代的奖惩激励方式的区别——"有虞氏不赏不罚，而民可用，至德也。夏赏而不罚，至教也。殷罚而不赏，至威也。周以赏罚，德衰也"。最高的激励境界如同舜帝有虞氏，将激励内化为下属的自觉，大捷不赏，以培养将士不夸功的美德；大败不罚，以培养将士勇于承担责任的美德。

作为人力资源从业者，我们要使用好手中的物质激励和非物质激励手段，做到赏罚公正，但是关于非物质激励就要进行更加深入的思考，很多企业都在提供优秀员工的带薪休假、亲子福利计划、高质量员工餐、保险计划，等等，这些都是让员工拥有更多福利选择的机会。

5. 信任

在心理学中，信任是一种稳定的信念，维系着社会共享价值和稳定，是个体对他人话语、承诺和声明可信赖的整体期望。美国的心理学家莫顿·多伊奇（Morton Deutsch）于1958年通过著名的囚徒困境实验将信任研究引入了心理学领域。信任他人意味着必须要承受对方行为造成伤害的风险，因此，承担易受伤害之风险的意愿亦是人际信任之核心。

商鞅变法之初，恐民众不信，商鞅把一根三丈之木立于国都之南门，然后宣布能将此木徙置北门者，赐十金。搬动一根木头，何须如此重赏？人们自然不信，于是他又下令，将赏金加至五十金。有人将信将疑地把木头搬到了北门，商鞅立即赏了他五十金，以示不欺。于是商鞅在人们心目中树立了"令出必信，法出必行"的印象。

作为人力资源从业者，信任是我们从事人力资源工作的基础。如果在一个组织中经常听到员工说到"不要信任人力资源部门新的政策，都是为了骗我们多干活的！"那么这家企业的人力资源就太失败了。人力资源工作的出发点一定是激发更多的人去自主地贡献更大的价值，这就需要人力资源部门在制定政策的时候不能朝令夕改，并积极兑现企业的承诺，这才能够让员工对每一次的改革都充满信任，也愿意为改革之事付出相应的努力。

综上所述，高效激励并不是一套标准的工作套路，而是要用心、用脑去思考感受的过程。作为人力资源从业者的我们，不能再简单地颁布了制度就不了了之，而是要真正地思考制度背后的逻辑，思考制度是否可以激发员工的自主意识，让员工胜任工作，获得良好的人际关系，并与其他同事之间保持信任。这是激励的起点，也是幸福组织建立的基础。

三、"激励奇迹"还是"激励缺陷"：组织激励的生命力画布

组织激励的话题一直是企业发展历程中不可或缺的一部分，人的行为是由一系列活动构成的，因此对于激励的研究可以帮助组织找到员工行为背后的原因，也可以作为未来引领员工行为的方向。

有一种说法是"世界只有两家便利店，7–11 便利店和其他便利店"。7–11 在 2016 年零售总额达 2473 亿元，利润约为 93.8 亿元，销售额和利润额都是业界第一。在便利店领域，7–11 正是因为懂得激活员工、尊重客户需求，以及极度苛刻的管理，才经久不衰。7–11 的创始人兼 CEO 铃木敏文曾总结过员工在工作中的三种心态：想做，自己愿意动手；能做，自己能做但未必出于本心；必须做，强制的意味比较浓厚。在 7–11 的工作场域中如果发现一个员工想做某事，即使他能力不足或者没有必须做的压力，他也能因为意愿而努力进取。铃木敏文相信"人是善意的动物"，但是也需要正向且正确的激励方式，才能真正地激活员工。

组织激励不再是一个员工或一个部门的事，而是组织生命力的根本，是焕发组织活力的核心要素。作为人力资源从业者，我们需要描绘组织激励的蓝图，绘制组织的生命力画布，让组织激励变成当下激活组织的最优答案（图 4–9）。

组织的生命力画布分为两大部分。一是关于团队组建后的内部管理，二是关于团队组建后的外部影响。

我们先从内部看，关于团队组建后的内部管理我们有三件事要做：授权、赋能、激活。

组织的生命力画布

团队组建 内部管理			团队组建 外部影响		
授权	赋能	激活	成长 体系	关怀 体系	核心 价值观

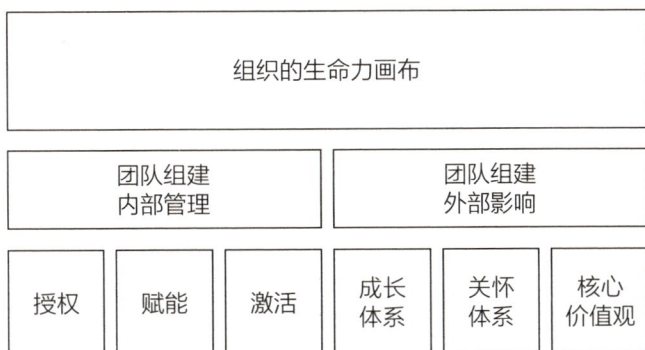

图 4-9　组织的生命力画布

授权。授权是领导者通过为员工和下属提供更多的自主权，以达到组织目标的过程。自 20 世纪 80 年代康格（Conger）等人（1988）将授权视为一种内在激励，从微观（心理）角度出发，聚焦授权之后下属产生的体验。自托马斯（Thomas）等人（1990）提出了心理授权概念以来，有关心理授权的研究一直是组织行为学家关注的热点。作为人力资源从业者，我们面临的更多的是如何帮助组织管理者更好地进行授权，并做好授权后的监督、检查、反馈工作。授权是有原则要遵循的，首先是明确授权的内容和边界，对哪些事项可以进行授权，授权后什么情况下是可以员工自己做决策的，什么情况下是需要向上沟通反馈的，这些都需要明确。其次，要对授权项目的重要性进行明确，员工最怕被授权一件微不足道的小事，如果授权就要把重要的事情交出去。最后，要对授权进行动态调整，授权不是放任不管，也不是不闻不问，而是作为管理者要有清晰的节点把控，知道哪些重要的节点反馈将有助于你的管理判断。

赋能。斯坦利·麦克里斯特尔（Stanley Mcchrystal）在《赋能：打造应对不确定性的敏捷团队》中提到，赋能的含义就是赋予他人能力。从领导者的角度出发，就是相信团队成员、不断锻炼成员能力、完善组织架构、避免深井式的发号施令①。在日常工作中，赋能就是让正确的人做正确的事，并在背后给予支持的力量。就如同花园里的园丁一样，我们更应该去创造环境，营造良好的生存氛围，让花园中的每一朵花都得到水和养分的滋养。因此，作为人力资源从业者，我们在团队的内部管理过程中，要成为像园丁一样的人，发现问题后积极配合员工解决问题，并在问题解决的过程中让员工做得更好。持续赋能每个人，让组织成为一个积极向上的团队。

激活。在管理中代表着基于契约的信任，愿意尝试打破固有平衡，创造新的激励模式，通过创新造提升绩效。一个组织能否具备可持续发展的能力，或者在碰到外部不确定性因素的时候经受得住考验，取决于组织内的每一个普通人都获得成果，取得成绩。激活最大的魅力在于可以让原本能力不行的员工变得可以胜任，让不自信的员工充满自信。作为人力资源从业者，我们是激活组织和个体的排头兵，我们要相信每个员工都能为组织创造出独一无二的价值，也要相信通过信任可以改变更多的员工。

我们再来向外部看，关于团队组建后的外部影响我们有三件事要做：创建成长体系、关怀体系，培养核心价值观。

成长体系。创造生长体系就是组织内部对每个员工未来能够获得的成长通道进行设计。在畅销书《腾讯之道：我们应该向腾讯学什么？》中就讲到了腾讯对待员工的方式，它们采用"游戏化"的方法，让员工在游戏化的环境中完成自我的成长。腾讯通过"打怪升级"的玩法来打造员工的成长体系，按照"种族"来划分专业序列，按照"角色"来划分专业岗位，通过晋升通道将成长涵盖在游戏闯关之中。在这个游戏化的成长体系中，每名员工的满级为 18 级，也被员工戏称为"十八层地狱"，这是因为晋升

---

① 深井式的发号施令：是指一个团队中管理层级较多且各层级小团队各自为政、互不关联。只听从最上级的领导者，从而导致层层传递信息和指令，最终沟通效率低下的行为。——编者注

到满级看起来容易，想要真正做到却很难。每个员工都会在接受工作任务的时候进行分数累计，完成自己"打怪升级"的目标，最后实现晋级。因此，作为人力资源从业者要思考如何才能站在员工的角度去设计一套成长体系，而不再是枯燥无味地"爬格子"，用游戏化的形式去吸引更多的员工参与其中。正是因为知道自己在企业中的晋升通道，员工才会不离不弃，努力成长为自己想要成为的样子。

关怀体系。这是组织根据员工诉求、企业现状、发展规划等为员工设计的一套人文关怀机制。关怀体系的建立可以全方位地满足员工及其家庭的基本需求，从而进一步提高员工的工作满意度和幸福感，也有助于员工的留任。谷歌公司自创立第一天起，就一直在预先考虑员工生活中的各项重大事件。当谷歌公司的员工还不到 100 人时，公司联合创始人谢尔盖·布林（Sergey Brin）就开始着手考虑员工的福利问题。布林说，谷歌公司可以为每一位职工妈妈或爸爸提供一名照看小孩的保姆，而这对当时的谷歌公司来讲是一笔不小的开支。为了让员工保持健康体魄，谷歌公司开设了一座大型户外体育中心，内设足球场、篮球场、网球场、室外滚球场、用于掷马蹄游戏的马蹄坑，高尔夫球场，以及曲棍球场。这些都是谷歌公司在企业发展的过程中所做的一小部分关怀内容，却让谷歌公司的员工感受到了组织独一无二的关怀，也让员工更愿意持续地为谷歌公司服务。因此，作为人力资源从业者，我们就是关怀体系的打造者，我们需要了解和掌握员工的家庭需求，并通过搭建畅通的员工家庭诉求的反馈平台和机制，整合传统企业中的工会管理资源，在成本可控的前提下尽可能多地解决员工合理的家庭需求。

核心价值观。在企业中建立核心价值观的目的就是帮助企业厘清核心价值和价值差异，统一思想，提高组织运行效率，构建企业的核心竞争力。企业在这个过程中要做的事情就是把自己的核心价值观逐步转变为企业所有员工的共同价值观，之后再变成员工的行为准则和做事方式。我们在众多企业的分析调研中也发现，越是优秀的企业其核心价值观就越明确。今天，凡是耳熟能详的世界 500 强企业，其行为依然在践行企业核心价值观。世界知名的麦肯锡咨询公司也提出了关于组织体系建立的 7S 模型，这个模型中就七方面的因素内容做了逐一分析，并解释说明了每个因素的重要性和相关作用，这七个因素相互支持且匹配，其中共同价值观的因素一致都处于核心地位（图 4-10）。

图 4-10　7S 模型

　　因此，作为人力资源从业者，我们会发现核心价值观是对企业目标、企业发展趋向的重要选择，我们不能回避。因为只有企业核心价值观被员工认可了，被社会理解了，企业才能坚持在一条康庄大道上前行。

　　组织的生命力画布通过分析内外两个维度共计六大关键因素，更好地诠释了激励的重要性。人力资源管理工作中有太多非传统模块的工作要去做，无论是从内部的原动力挖掘，还是从外部的机制体制建设，都需要人力资源从业者认真思考，虚心学习，不断成长。

小 结　　　激励体系的建设如同企业的"定期体检"，我们在不断寻找目标与行为的不一致之处，通过问题的分析与解决发现更好的实施路径。激励体系如同塑造组织生命力的强心剂，因为有它所以组织变得与众不同。作为人力资源从业者，我们不怕把重要的事情反复做，只怕会慢于这个时代的发展，怕因为我们的犹豫与搁置阻碍了组织的发展。因此，我们要通过绩效、薪酬、激励等手段快速适应变化，不断寻求突破，使自己成为组织生命力构建中不可或缺的一部分。

第五章

数字化对人力资源
管理转型的影响

彼得·德鲁克曾经说过："新的陌生时代已经明确到来，而我们曾经很熟悉的现代世界已经成为与现实无关的过往。"随着数字化时代的不断发展，我们注意到企业管理模式和人力资源管理重点也在不断地发生变化。人力资源从业者需要从原来的人力资源事务性工作中逐步转向业务导向，发现人力资源范畴内所面临的困难和痛点，从人力资源的角度去思考如何更好地帮助企业解决目前的问题。数字化变革让我们看到了更多的可能性，尤其是人力资源管理可以借助数字化手段来完成众多的实践探究，我们将会有更多的时间参与到业务部门的讨论中，在组织发展和变革的过程中提供更加有力的支撑。

数字化对人力资源转型的影响集中体现在工作环境与工作方式两个方面。劳动力市场率先发生了根本性的改变，数字化技术已经彻底改变了雇主寻找员工的方式，比如 BOSS 直聘的出现，大量的工作机会源于数字化媒体平台。雇员在选择一家企业时也不再是盲目的，而是可以提前通过数字化媒体平台了解企业的信息以及过往员工对企业的评价。因此，数字化时代打破了原有的雇佣市场平衡，无论是人力资源从业者还是雇员都学会了用数字化的手段去做分析，这就促使在未来渠道会随着环境的不断变化而越来越多，人力资源从业者也将通过掌握人力分析的手段来更好地助推企业组织的发展与变革。

第一节

从人力资源数字化到人才管理数智化转型

▲

德勤的总经理兼美国人力资本实践管理董事詹森·盖勒（Jennsen

Geller）指出："人力资源管理分析有望改变我们雇佣和管理员工的模式，行业领导者已经启动了人力分析来激励员工并留住人才，这样的远见使他们能从人才投资中获得更大的回报，从而推动公司的发展。"人力资源管理分析变成了在数字化转型阶段人力资源从业者的必备技能，也成为帮助企业解决预测分析问题的手段，这个过程将为公司提供定制的建议和量身打造的实践方案。

作为人力资源从业者，我们在面对从人力资源数字化到人才管理数智化的转型阶段时，不能故步自封地去忽视外部环境的变化，而是要运用数字化的分析手段去不断提升自身的数字洞察力，寻求每个数据变化带来的变化。我们要提高自身对数据的敏感度，对数据的变化与异常要有反应、有解决方案，并最终实现有效应用。最后，在这场数字化转型的浪潮中，我们不能退缩，要实现数智化变革。

《福布斯》领导力专栏作家迈克·米亚特（Mike Myatt）曾经说过："比起技术难题，数字化转型其实更是一个注重领导力、文化、战略和人才的问题。"

让我们一起见证这个瞬息万变的时代，见证人力资源业务从案头工作逐步变迁的过程，也见证人力资源数据分析工作带来的数智化变革，而这将成为组织发展与变革的必经之路。

一、HR 的数字洞察力：人力资源数据的提炼与分析六要素

数字化创新与新兴科技影响着我们的生活，每天我们都在被大数据关注着，我们发现大数据有时候甚至会比我们自己还了解自己。以前你在网上购物是想买什么就搜索什么，现在你会发现你可能刚刚和别人讨论过某样东西，等你打开购物软件的时候这种东西就显示出来了。当大数据开始

关注我们生活的方方面面时，我们也要看看正在日益变化的人力资源行业发生了什么改变。

数据驱动下的招聘工作在融合了互联网特性后，对企业招聘渠道的选择以及对雇主品牌的打造提出了更高的要求。当然，在数据驱动下的招聘工作也有了质的飞跃，识别人才和评估人才变得更加容易。

学习工具通过多种互联网学习交互模式逐步完成了学习能力的识别和学习进度的监控，在数据的支持下，人才发展与组织成长方面都发生了本质变化，衡量学习效果的工具层出不穷，学习效果可视化指日可待。

此外，数字化人力资源管理为绩效指标分解和绩效指标考核两个关键环节提供了智能化的支持，并在有效付薪的层面提出了更高的要求。这有助于消除绩效考核主观知觉偏见，并提供更加客观的反馈。有价值的绩效信息反馈将有助于员工的成长。

人力资源数据层出不穷，不仅体现在传统的"选、育、用、留"模块中，也体现在人力资源规划、员工关系、员工福利与安全健康等方方面面。作为人力资源从业者，我们史无前例地面临着大量的数据堆积，我们要学会收集、存储和分析数据，用尽可能少的有效数据来实现组织目标。这就需要我们掌握人力资源数据的"提炼与分析六要素"（图5-1）。

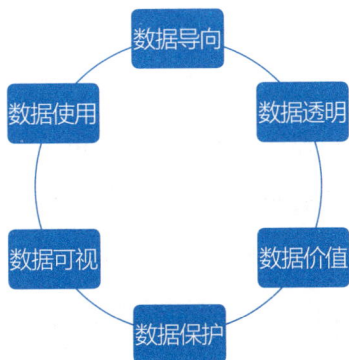

图 5-1　提炼与分析六要素

1. 数据导向

数字化转型的今天，越来越多的数据展现在我们面前，我们也意识到数据导向的指引性越来越明显。但是数据导向到底为我们的决策带来了什么？数据导向是一种新的思维方式，原来的很多决策都是拍脑袋决定的，没有决策依据。现在做决策的时候我们可以通过数据导向思维先去收集一些关键数据，然后通过数据的呈现来找到决策的依据。

2. 数据透明

数据作为今天企业中的重要资产，已不再是堆砌在电脑里或者系统平台上的数据了。今天的数据需要为组织提供决策支持，更需要让员工看到透明的数据。在人力资源领域中，数据的应用更多是在绩效的呈现上，为了让绩效变得更加客观、公正，我们会采用数字化手段和工具来整理绩效数据，因此这个数据就需要公开、透明，让每个员工都知道自己的数据和别人的数据的真实状况。

3. 数据价值

为了充分地利用数据来驱动人力资源管理，我们就需要把人力资源领域里面大量的数据重新做整理和归类。这时候，数据本身是没有什么价值的，但是做过统计分析的数据自然会创造出价值。从人力资源管理的角度去看，哪怕是招聘阶段投递简历的数量、人员层次水平、面试达成率等简单的单一数据，如果将它们做一个整合，例如将投递简历的数量与面试达成率数据进行整合，再将面试成功率与人员层次水平数据进行整合，我们就会发现这些数据已经能够提供较高的价值了。

4. 数据保护

大量数据的涌现会在短期内带来数据的泄露、篡改、忽视等各种各样的问题，因此对数据本身的保护工作就变得至关重要了。很多企业都把数据储存在各种操作平台上，并没有对数据进行权限分级等管理工作，这就可能造成大量的数据被各个层级的人员看到并泄露，造成一些不必要的影响。因此，数据保护是进入数字化时代的一种保护意识，它既是对所有数据价值的保护，也是对提供数据方的保护。

5. 数据可视

数据可视化工具非常重要，因为它可以帮我们弄清楚数据的重要性和结果的关联性等问题。数据可视化是为了看到数据展现的趋势，虽然我们能够通过数据得出结论，但是用数据预测出的未来才更具有参考意义。数据可视化的手段和呈现形式多种多样，可以通过看板、系统平台、数据大会等形式来展示，目的就是让数据变成可以预测未来的依据。

6. 数据使用

只有将数据转化为有价值的见解和可掌握的知识时，数据才有应用价值。数据是因为使用才有价值，否则就只是一行行冷冰冰的数字。作为人力资源从业者，我们会得到组织中最大量的与人相关的数据，这些数据的分析与结合让数据变得灵动，可以帮助组织做出更好的决策并获得发展和核心竞争力。

人力资源从业者在数据的驱动下，变成了数据的获取者与操作者，这时候我们首先要具备的就是对数字的洞察力，要懂得如何观测、使用、预判数据，更要懂得如何分析、整合、拆解数据，这样才能让人力资源管理工作变得更加得心应手。

👤📄 二、HR 的数据敏捷度：人力资源敏捷系统应用的三原则

在疫情期间，我们每个人都生活在不确定里，不知道工作还能否继续，不知道生活还能否继续，更不知道企业还是否会继续经营。一切的不确定性让每个人都处在一种应激的状态下，生怕因为哪个微小的事件而影响了生活原有的规律。造成 VUCA 时代各种不确定性的原因可能也正是由于数字技术的产生，从数字化到数智化模式的转变，使人类的能力可以通过更加及时、便捷的协作模式而快速提升，大量的信息在交换的过程中得以迅速传播，世界每一个角落里发生的事情你可能只需要一个短视频平台就可以了解到。

正是这种瞬息万变的环境，迫使组织必须做出快速反应，变得敏捷起来。进入充满未知的市场环境中，很多组织也开始意识到正是客户的需求和市场的要求在驱动着组织更为敏捷地去应对外部环境。这种尝试在很多公司都已经应用过，比如稻盛和夫创建的阿米巴模式就是分解优化了企业的最小组织单元，并根据客户需求和市场需要不断地调整这个最小组织单元。稻盛和夫用这种模式创造了京瓷公司经久不衰的历史，也让中国企业开始思考敏捷带给我们的变化。于是，我们有了海尔集团的倒三角模式、复星集团的内部合伙人制度、华为的流动性组织模式等。

作为人力资源从业者，我们也面临着敏捷的挑战，因为数字化转型工作已经成为必然趋势，所以人们对组织与团队的要求也更高了，需要他们具备比以往更高的敏捷性，同时数字化技术与手段也为组织与团队敏捷度的提升提供了支持条件。

华为在打造超级流动性组织方面也做出了诸多的努力与尝试。

要保持与外部环境的"契合"，企业就必须具备动态能力，可以快速感知客户和市场需求的变化，通过不断地转型去抓住各种机会。这意味着不管是企业架构，还是资源配置方向和方式，都要保持高度的灵活性和流动性。思科和微软公司早就认识到了这一重要需求，分别于 1992 年和 2014 年开始进行组织变革以提高灵活性。而在中国，有一家公司也在提升内部灵活性、积极适应市场变化方面做得非常出色，那就是华为。华为的内部流动性极强，而且不断保持更新。华为 2017 年的销售额达 6000 亿元，员工约有 18 万名，可见保持高效和成本竞争力非常重要。

华为早已发现，企业每天都面临着剧烈且快速的变化。随着移动数据业务需求的大幅增长，其核心业务所在的电信设备领域也在转变，而在其他业务领域，快速且具有破坏性的变化更是常态。华为 2010 年开始开展手机业务时，智能手机仅占手机市场约 1/4 的份额；如今，全球最热销的十款手机中有七款都是智能手机，新产品发布周期变为几个月甚至几周；2017 年中国智能手机销量前三名中的 OPPO 和 ViVo 品牌，在华为刚进入手机市场时这两家公司甚至还没有成立。

在动荡的环境中，华为必须不断进行创新，以迅速响应快速变化的客户需求，同时要保持高效，不断增强成本竞争力。华为不仅要应对中兴、小米和 OPPO 等国内竞争对手，还要与爱立信和重新崛起的诺基亚等电信设备领域的国外竞争对手展开较量。那么华为如何实现了超级流动性？主要有四点要素：①华为主要围绕客户需求去构建公司架构；②支持部门搭建在灵活的平台上；③管理层不断进行轮岗；④企业文化极为注重变化。这四点在单独应用时并不足以有效地解决全部问题，但是当它们全部得到持续应用，以及它们之间相互作用之时，就铸就了今日具备超级流动性的华为。

自亨利·福特（Henry Ford）以来，制造企业通常是围绕产品线搭建架构的。随着时间推移，垂直整合的工厂已发展为紧密协调的全球供应链，负责交付各种产品。战略业务单元则专注于某些特定的产品，其优势在于重点明确，容易积累经验和形成规模经济，但代价是缺乏灵活性。如果客户要求改变产品设计、规格或功能，就会让这些以产品为中心的公司感到头疼。其结果是，当客户需求发生重大变化时，企业往往会过于僵化，无法迅速有效地做出反应。

华为采取了被称为"拧麻花"的混合结构，即将事业部组织的某些特点与职能平台以及区域销售支持结合起来，创建三个综合业务集团，每个集团针对特定的竞争对手去争夺市场。

华为成立了三大业务集团与服务集团，这一管理实践的培养始于 2000年的年初。当时华为聘请了一家全球领先的咨询公司，向其征集组织设计建议，咨询顾问提出在公司内部组建一系列事业部，各自负责不同的产品。华为拒绝了这一建议，认为事业部结构会降低满足客户需求的能力。在电信市场中，客户经常需要整体解决方案，因此会涉及公司整体产品组合和服务。事业部结构在节约成本和管理控制方面确实效率很高，但最终交付给客户的仍是零散产品。

通过整合重要的研发、产品开发、功能支持和地区销售资源，华为避免了常见的某些事业部霸占资源的问题。相反，资源可以迅速部署与流动到为客户服务的任何地方，并且随着周期内某些特定市场需求而进行扩大或缩小的调整。与此同时，也杜绝了各事业部之间不必要的重叠。华为的"拧麻花"结构能够促进资源流动并尽可能地提高灵活性，它与用以解决各事业部和各国分公司竞争需求的刚性矩阵结构有很大的差别。

如上所述，华为组织的关键要素包括：向一线充分授权、项目团队作为核心组织原则、自由流动的全球人力资源库、通过灵活的职能平台提供支持服务，以及中高层管理人员的不断轮岗。这些举措都在华为以变革

为核心的企业文化指导下。这种极其注重变革的企业文化的形成可追溯到
1996 年，当时华为成立还不到 10 年。那一年，公司要求内部最强大也最有
影响力的营销和销售部门全体辞职，然后根据员工的实际条件和业绩评估
重新进行聘用，这项规模宏大的管理变革涉及 1000 多名员工。这一举动显
然打破了已经扎根并开始影响组织活力的公司政治和权力争斗格局。这项
影响深远的变革也代表着华为发出了明确信息，即个人和企业的成功都源
于根据不断变化的市场而及时在资源和个人能力之间形成的动态契合，这
也预示着华为管理层轮岗制度的启动。

作为人力资源从业者，我们有责任和使命去构建人力资源的敏捷系统，
通过更多地赋能员工，发挥员工的主观能动性去推动组织敏捷系统的建设。
在敏捷系统应用的过程中，我们也要坚守三大原则，为组织的敏捷性赋能
（图 5-2）。

图 5-2　敏捷系统应用的三大原则

原则一：从追求规模效率到追求敏捷效能

在数字化时代转型的浪潮中，快速反应和积极应变成了组织的必备技
能。在过去发展的过程中，大多数企业都在谈论如何扩大规模并实现多元

化发展，而今天的企业越来越专注于"专业深井模式"。深耕某个领域，获得纵深的发展已经成为数字化时代的核心竞争力。企业开始从过去的追求规模效率转变，并寻找能够适应数字化时代的效能提升路径。追求敏捷顺应了时代发展的需要，敏捷地应对客户需求的变化，敏捷地对市场变化做出反应，提升整体组织的效能已成为数字化时代的组织转型方向。

原则二：从纵向垂直管理到横向协作管理

在传统发展时期，很多企业的组织架构一直都沿用的是直线职能制，即通过纵向的管理完成工作任务的下达、分配、考核、验收等关键环节。然而在数字化转型时代，我们发现部门之间的协作任务越来越重，当所有工作的数据都可视化地展示在系统平台上时，每个部门都能看到事项的进度，也知道碰到的阻碍在哪里，这时候就需要采用横向管理来帮助组织实现协同。作为人力资源从业者，我们是横向协作的"润滑剂"，更是组织发展变革的助推者，因此，在横向协作的过程中我们需要提供环境支持和策略支持，让部门间的横向协同变得真实、有效。

原则三：从自上而下的推动模式到市场需求的拉动模式

在过去企业发展的过程中，都是一把手拍脑袋做决策，一把手决定向哪里走就走向哪里，然后按照一把手自己的判断自上而下地推动整个组织配合指引去做改变。这种方式在企业发展初期有一定的优势，我们看到很多成功的企业家都将成功原因归结为自己拥有敏锐的洞察力并且能够果断决策，但如果希望组织可以实现百年老店式的可持续发展，那么这种自上而下的推动模式显然不能适应环境的变化。在数字化转型阶段，我们变得越来越靠近市场，越来越容易得到市场变化的数据。企业的发展应当遵循这样的变化，企业应主动出击以满足市场需求，让市场这只无形的大手拉动组织变革。作为人力资源从业者，我们更需要让数字化时代产生的市场数据变成决策依据，充分依靠市场的力量去引领组织发展。

数字化时代最不缺的就是数据，最缺的就是对数据的分析能力。要想具备数据的分析能力就要对数据具有敏感度，并在转变的过程中依靠市场的力量去助推组织的发展。

三、HR 的数智应用度：建立人力资源数据战略地图

全球劳动力洞察与分析主管兼阿斯利康公司的人力资源部门负责人夏洛特·艾伦（Charlotte Allen）提出："人力资源部门不会被数据和分析取代，但不使用数据和分析的人力资源部门将会被使用数据和分析的人力资源部门所取代。"如今的人力资源部门已经意识到从业务发展的角度去看待管理问题的重要性了，并开始通过数智化的手段去提升解决问题的效率。从本质上看，当下每个组织都在开展数据型业务，但大量数据的堆砌已经超出了我们的处理能力，我们需要通过分析去提升数据的质量，并为组织的优化和提升提供决策支持。

在从人力资源数字化到人才管理数智化的转型过程中，我们发现技术变革的速度是飞快的，但是数字化转型并不仅是数字技术的变革，更是关于人、关于新的工作模式的改革，未来它将会改变我们的工作方式。而数字化转型更不是在今天的某个时间点要进行的一项变革工作。它会成为一种"新常态"。我们要接受变化，随着客户、工作、绩效的期望值提高不断地调整自身的工作方法，保持一种持续学习的状态。

人力资源职能也在数字化转型的过程中不断发生着演变，随着技术的进步和职能效率的变化，最初阶段的人事部门只需完成薪酬和福利以及行政管理方面的相关工作；到了转型的初级阶段，人力资源部门的关注重点在于人力资源管理的流程与成本管控，更多充当着服务部门的角色；到了中级阶段，重点从人力资源管理转为人才资本管理，将人才管理纳入企业

管理范畴中，以推进业务发展为己任，不断推动人力资源业务合作伙伴制度的建立；到今天，众多企业已经将人力资源部门定位为战略部门，作为业务驱动型的人力资本管理部门，其关注重点已经从日常性事务工作逐步转型为业务驱动型工作。在整体发展的历程中我们也能看到，人力资源工作从过去关注流程效率的提升，到关注组织效能的提升，再到今天我们更关注人力资源对业务的响应程度，让人力资源工作成为对组织发展和变革产生影响的战略部门。因此，我们不能再"穿旧鞋走老路"，更不能"穿旧鞋找新路"，而是要转变思维方式，打破过去的固有观念，穿上数智化的"新鞋"去寻找人力资源数据的战略新路（图 5-3）。

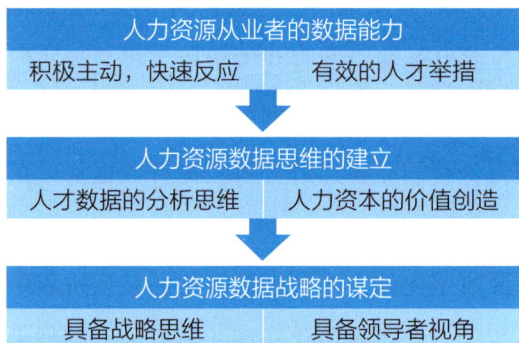

图 5-3　人力资源数据的战略地图

1. 人力资源从业者的数据能力

作为数字化转型时代的人力资源从业者，我们必须要掌握两种能力：一是积极主动、快速反应的能力，人力资源部门为了满足组织的业务发展需要和未来的变革需要，不能等待别人给指令做引导，而应该将所有看到的、得到的数据先做规划与研究，将人力资源管理工作置于最前端，为领导者提供满足需求的解决方案；二是采取有效的人才举措的能力，人力资源部门获得了很多优秀和先进的知识，却在赋能员工层面存在一定的欠缺。

建立一套有效的人才举措是为了将人才留下来，通过机制手段识别顶尖人才，并设计有效的培养与激励方案，从而提升员工整体的满意度。

2. 人力资源数据思维的建立

在数字化转型时期，人力资源从业者具备数据思维比掌握数据处理能力更难。通常在管理实践中，我们认为能力是可以被培养的，但思维却是根深蒂固的，想要做改变就需要不断进行打磨。数据思维的建立同样需要经历这样的过程，打破过往的思维惯性，站在数字化的角度去重新思考人力资源管理问题。人力资源从业者应当具备的数据思维是关于人才数据的分析能力，所有与人相关的数据都应该对组织业务发展和变革起到一定的支持作用。人力资源从业者这时候应该问的问题是："这个决策有依据吗？"在众多业务关键环节中都会有绩效考核指标的体现，人力资源从业者在看到这些与业务相关的数据时也应该时刻保持一种可以清晰洞察的状态。其次，人力资源从业者应当具备价值创造思维，所有数据展示出来的时候都应当与财务指标、业务指标相关联，要跳出人力资源日常事务性管理的惯性思维，将关注点放在基于数据展示所能提供的与投资回报率、行业发展预测、经营方向评估等相关的分析上，这样才能体现出人力资源对业务的影响力。

3. 人力资源数据战略的谋定

人力资源部门未来一定是企业的战略部门，这句话不知道被人说了多少遍了，但是随口一说就能让人力资源部门变成战略部门了吗？当然不是。想要达成这个目标，就意味着人力资源部门要在战略领域内承担相应的责任，如果人力资源能为战略谋定提供支持作用，那么人力资源部就能成为战略部门。人力资源从业者首先要具备战略思维，这种思维会影响他们在组织中扮演的角色。因为在传统思维中，人力资源从业者本身不具备商业头脑、业务思路和专业技术实力，所以战略思维的体现更应该靠数字化的手段去实现。人力资源从业者通过数据分析来判断会发生什么，而不是只为他人提供数据。其次，具备领导者视角将会推动人力资源从业者从重视人力资源管理职能的效果转变为重视人力资源管理的战略支持作用，进而实现从流程实施者的角色转变为业务推动者的角色。在逐步转型成为业务合作伙伴的阶段，人力资源从业者更应该通过培养领导能力来完成人力资源部门的转型。

人力资源从业者在数字化到数智化转型的阶段面临着众多挑战。如果时间倒退到 20 世纪末到 21 世纪初，那么对人力资源从业者的期待可能只停留在技能层面，包括是否能够招到人、能否控制人员流动、薪酬发放是否准确等。今天，人力资源从业者要具备面对数字化时代的敏锐反应和对未来业务的预测能力，只有这样人力资源从业者才更有价值。这个过程需要人力资源从业者向内看，找到自身的短板，在变化的时代找到适合自己的决胜之路。

第二节

从人力资源"管理优先"到人才管理"体验优先"转型

▲

根据《经济学人》智库部门 2015 年的一份报告，在过去几年中，82%的组织计划在 2015—2018 年增加人力资源管理中的大数据的使用，这使得"智能化人力资源管理"成为一个热门话题。数据的爆炸式增长将所有工作内容都转变成为数据，并将数据与员工的行为、态度、能力进行了关联。

我们会发现，越来越多的数据可以被挖掘出新的意义，这也是人力资源工作的核心内容之一。

人力资源团队能够接触到的数据有招聘数据、培训数据、绩效数据、薪酬数据、个人能力测评数据、职业发展数据、胜任力素质数据、员工满意度评价数据等。过去这些数据也是存在的，只不过我们要么没有对它们进行分析，要么就是把数据作为年度汇报的参考添加在了关于总结的 PPT 里。今天，这些数据变成了独一无二的资源，企业正在将这些数据转化为管理手段，形成管理策略，并通过分析数据对未来进行预测。所有这些都意味着数据为人力资源管理团队带来了重要的影响，同时也将人力资源的管理工作重点逐步转移到人才管理上面。

作为人力资源从业者，我们在面对数智化人力资源管理转型时，要将人力资源数据收集和数据分析的重点放在推动组织目标实现和增加业务价值上，而不仅仅是用数据来表明态度。今天，当我们在推动组织实现目标的过程中，不得不关注企业最重要的资本——人力资本——的撬动问题。我们不能再沿用冷冰冰的管理手段，而应该创造新的工作体验，让员工变得幸福起来。

一、超越组织"认知偏见"：建立员工全职场生命周期的关怀机制

企业在每年进行年度预算的时候都要核算一项巨大的成本，那就是薪酬总额，俗称人工成本。这是每家企业都要承担的成本，因为公司的所有工作都是靠组织中的每个人去实现的，业务的开拓靠人、生产的开展靠人、产品的研发靠人，所以人才是每个企业核心竞争优势的重要来源。

华威大学（University of Warwick）的一项研究发现，幸福感会使生产率

提高约 12%。然而，尽管有证据表明，快乐的员工在工作中会表现得更好，但高达 71% 的员工称自己缺乏灵感或无法融入工作环境。这个信息说明只有能让员工快乐的公司，才会经营得更好。今天，在完善员工全职场生命周期的关怀机制上我们努力做着尝试，未来，科技在提升员工幸福感方面也将发挥更大的作用。

作为人力资源从业者，我们谈起员工全职场生命周期管理来简直驾轻就熟，好像让员工经历了选、育、用、留四个阶段就完成了对员工的全职场生命周期管理。其实这种想法非常片面，在整个周期中，作为人力资源从业者的我们更应该关注员工所能创造的周期价值。在不同阶段的价值创造，能帮助员工本人和其他组织成员获得组织幸福感。因此，人力资源从业者需要构建员工全职场生命周期关怀机制，更好地帮助员工振奋精神并投入工作中，使其在全职场生命周期各阶段为组织做出价值贡献。

我们要怎么做呢？首先，我们一起看下如何打破组织的认知偏见，找到员工全职场生命周期中的关键事项（图 5-4）。

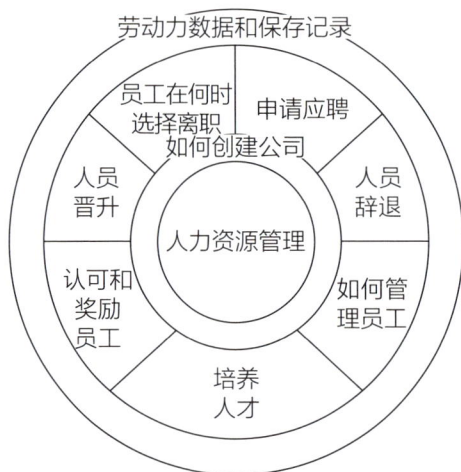

图 5-4　打破组织的认知偏见

在组织发展的过程中，并不只是人员的入职和离职能被称为关键事项，对于员工来说，在企业发展的不同阶段，每个人都承担着不同的角色，而每个角色都应该享有关怀机制。

（1）应聘者：来企业应聘的人并不一定是未来我们会录用的人。但是，这个阶段也是塑造雇主品牌和企业形象的关键时期，我们为应聘者打开一扇了解企业状况的窗户。只有提供有价值的面试才能给应聘者留下深刻的印象。这在一定程度上有助于后期在进行双向选择的时候提升企业吸引力。

（2）聘用者：选择聘用一名新员工是需要人力资源从业者做好充足的预判的。有时候，一个员工的选择可能会对企业发展产生微妙的影响。我们选择录用员工之后不能让其自生自灭，而是要选择适当的培养方法去辅助其成长。很多新员工都提到过刚入职几天后的那种忐忑，没有人力资源部门带着新员工去各部门"拜码头"，也没有安排师傅去带新员工，更没有人安排具体的工作内容给新员工，新员工就一个人坐在那里等，然后从打杂开始做起，这对新员工了解企业、适应企业都将产生不利的影响。因此，作为人力资源从业者，我们在新员工入职的第一个月就需要有标准化的动作，无论是从知识、技能、态度，还是从企业文化、规章制度、师带徒模式等，都要给予其帮助和时间。

（3）管理者：作为企业关键角色的管理者，应该了解的不仅是管理技巧和管理方法，而是如何更好地站在员工角度去管理员工。当一个员工从基础岗位通过努力成为管理者之后，他应当满足对上和对下的期待，并付诸行动。组织对管理者应该主动提供培养与支持，让管理者不做低头赶路的拉车者，而是学会抬头看路。组织应当在这个关键阶段给予新任管理者以思维、方法、技巧等多个层面的帮助。

（4）发展者：我们在组织中总能看到很多优秀的员工，他们迸发出光彩，于是组织开始为优秀的员工提供完成关键任务、关键项目的机会。只有给予机会并充分授权，让他们在这个阶段得到充分的信任，他们才能在未来创造出更大的价值。

（5）嘉奖者：被认可、被奖励是每个员工在组织发展过程中最有成就感的事。很多企业都会在年底的时候召开年终表彰大会，目的就是让这一年中有突出贡献的人、有卓越工作成果的人都能够得到公开的奖励和认可。在企业发展过程中，员工被认可、被尊重一直都是核心员工留存的重要原因。对于被嘉奖者，人力资源从业者要提供的是组织荣誉感、认可度和被尊重的价值感，营造出"嘉奖难能可贵"的企业氛围。

（6）晋升者：一个员工在同一个岗位上的时间超过 5 年都没有经历过任何变化，会对员工的积极性带来极大的挑战。因此，在绩效考核的过程中，对于那些绩效表现优秀的人我们应当在每个年度都给予他们职级或职等上的调整。而对于那些有特殊贡献或者表现特别优异的员工，我们可以通过竞聘上岗的形式来为他们创造更多岗位晋升的机会。

（7）离开者：员工总会有离开组织的一天，这一天不能是一拍两散、互不来往的。离职员工其实是组织很重要的资源，他们更愿意提出组织存在的真实问题，也更愿意指出组织目前的发展困境。同时，离职员工也是组织未来业务的合作伙伴和渠道商，有很多离职员工会继续在这个行业的上下游工作，未来也将带来更多的合作机会。因此，对于离开者，我们一定要善待。离开不是背叛，而且另一种选择。

接下来，我们一起来关注下关怀机制的建立对员工幸福感的贡献（图 5-5）。

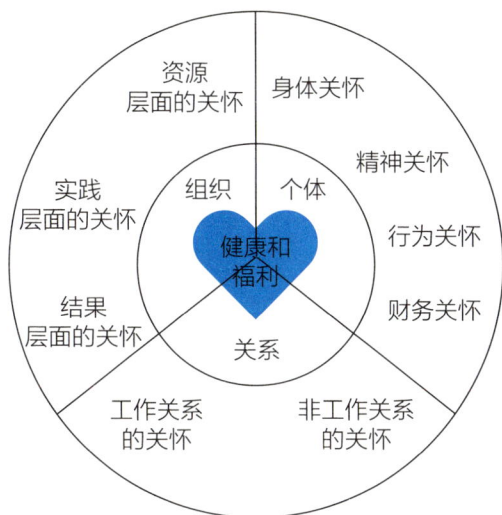

图 5-5　员工幸福感

1. 个体关怀

每个员工都是独立的个体，都需要组织给予关注。

（1）对员工的身体关怀。很多企业现在都有体检制度，但是对于体检之后的数据却没有提供关怀支持。现在很多的体检机构都可以针对近几年的体检报告变化，提供复查建议。人力资源管理部门也应当关注员工的身体健康，因为这是一切工作的基础。

（2）对员工的精神关怀。精神状态的好坏对工作氛围有着非常重要的影响。快乐的员工工作状态更好，而快乐的企业文化也会更有助于组织的发展。时刻关注员工的精神状态，为处于压力环境下的员工提供如 EAP[①] 相关的课程和心理辅导将更有助于解决其精神状态问题。

（3）对员工的行为关怀。员工的行为将直接影响组织的绩效，因此员

[①]　EAP：员工帮助计划，全称为 Employee Assistance Program。——编者注

工反常或异常的行为需要我们重点关注，这将直接对产品的质量、功效、品质等各方面产生影响。

（4）对员工的财务关怀，员工能不能在公司赚到钱很重要，我们要提供让员工没有后顾之忧的财务支持。组织的薪酬水平与市场行业水平要随时对标，让员工能够在付出辛苦后得到应有的回报，这才是最好的关怀。

2. 关系关怀

人们不可避免地生活在一个充满各种复杂关系的世界中，每天都要面对各种关系带来的困扰和惊喜。人们只有处理好各种关系才能让生活和工作正常运转。

（1）基于工作关系的关怀。工作关系的处理是每个职场人都需要具备的技能。作为人力资源从业者，我们是创造工作关系的关键人，因此简单、透明、直接的工作关系更有助于组织的发展。我们可以从部门设置、关键流程梳理，以及岗位职责明确层面来先行梳理工作关系。但工作关系中依然存在很多模糊地带，这就需要靠企业文化来解决关系问题，我们倡导简单、直接的工作问题也可以简单直接地解决。

（2）基于非工作关系的关怀。员工除了工作之外还有生活，生活的关系也会影响员工的工作状态。因此，组织中的工会建设，尤其是对于女员工的情感、生活等多方面的帮助，将影响员工的整体工作状态。

3. 组织关怀

员工的关怀机制中最重要的环节就是来自组织层面的关怀。组织看产出，同时组织也提供各种资源。

（1）来自结果层面的关怀。组织发展的过程中必然会产生绩效结果，绩效结果的好坏本身没有价值，最大的价值是针对绩效问题给出的改善方案是否有效。因此，人力资源从业者需要把绩效结果的关注点从分数的扣减以及绩效工资的扣发逐步转为绩效改善方案的有效性。

（2）来自实践层面的关怀。人不可能不犯错，第一次尝试的事情总有可能错了。这是给员工实践的机会，如果一个组织没有容错的格局，不能对试错产生包容，那么员工永远不愿意去尝试创新。人力资源从业者要做的事情就是在机制设计层面给予员工试错的鼓励，并让所有的实践都有被包容的可能性。

（3）来自资源层面的关怀。想做好一件工作并不是靠员工一个人单打独斗就可以解决的。我们要提供资源，提供帮助，提供一切可以完成组织目标的支持，这样才能让员工在实现绩效目标的路上越走越快。因此，在每件工作任务下达之后，人力资源从业者都需要主动询问员工是否需要资源支持，这样才能达成组织目标的正向循环。

打破原有的认知偏见，建立员工全职场生命周期的关怀机制是为了让员工在任何阶段都能够感受到组织的关注。数字化转型时期，技术在不断地发展，但是底层逻辑永远不会变。让人力资源管理转向人才管理，让员工不再感受到自己被管理而是感受到爱与关怀，这才能真正助推组织达成目标。

二、重构组织"生态系统"：建立组织生态运行仪表盘

两位杰出的管理学者也提出了注重组织的生态体系建设的理念。詹姆斯·弗·穆尔（James F. Moore）认为，成功的企业是那些能够快速反应和适应商业生态系统的企业。快速变化的环境要求企业通过相互学习和合作来降低交易成本，以保持自身的竞争地位。苹果、IBM、宝洁等企业的成功表明，仅仅关注自身的内部能力是不够的，必须同时考虑到生态系统内其他

生态伙伴的特征与需求，并且构建以企业自身为中心的动态开放式的商业生态系统。哈佛大学的马可·颜西提教授（Marco lansiti）认为："未来的企业竞争将由单个公司之间的技术竞赛，转变为生态系统之间的竞争或系统内部业务域之间的竞争，竞争的主题也将变为公司所培育并赖以生存的生态系统的整体健康状况。企业之间由单纯的竞争关系转变为合作共赢关系以及协同进化关系。"

彼得·德鲁克说："管理要做的只有一件事，那就是如何对抗熵增。只有在这个过程中，企业的生命力才会增加，而不是默默走向死亡。"任何一个组织都是一个生态系统，都需要一种焕发组织生机的能力，在管理新阶段，组织也在不断地做着尝试，不断让听得见炮火的人去做决策，不断去中心化，也不断地去创造一个更加完善的生态系统。

在自然生态系统中有一些不可或缺的要素，比如空气、阳光、水和土壤。组织生态系统和自然系统其实也有着异曲同工之妙，要想让组织生态系统更好地运转，离不开空气、阳光、水和土壤。将它们对应到组织生态系统中，就形成了组织生态运行仪表盘（图 5-6）。

图 5-6　组织生态运行仪表盘

1. 组织的空气

空气是万物生存之本，组织的空气也是一样。组织的空气指的是企业文化和组织氛围。我们会发现，很多组织在经历挫折和困难的时候，并不是靠先进的管理经验和手段来突破困境的，而是靠着一股说不清的力量，这其实就是企业文化和组织氛围的力量。

企业文化作为组织生态环境中至关重要的一环，是人力资源从业者在推行人力资源管理举措的时候必须要考虑的。美国学者约翰·科特和詹姆斯·赫斯克特（James Heskett）认为，企业文化是指一个企业中的各个部门，或至少是企业高层管理者所共同拥有的那些企业价值观念和经营实践。实际上，人力资源管理举措就是企业文化的具体体现，所有动作都代表着企业的价值主张。

组织氛围是组织内针对员工公平、创新、发展等各方面行为的感知程度。组织氛围与企业文化有着很多相似之处，但是组织氛围更关注员工对于组织提出的政策、流程、实践以及自我工作中所获得的支持等方面的感知。

2. 组织的阳光

阳光是创造美景的关键要素，在组织生态中，愿景、使命和核心价值观就是组织的阳光。很多企业在发展初期其实并不关注这些内容，也没有进行梳理。经过企业不断地发展、进步，人们也逐渐意识到了"阳光"的重要性。

管理大师彼得·德鲁克的经典三问：我们的事业是什么？我们的事业将是什么？我们的事业应该是什么？这就是愿景、使命和核心价值观的重要来源。愿景解答的是我们未来要走到哪里的问题，是企业未来要为之奋斗的美好蓝图；使命解答的是我们为什么而存在的问题，这是在寻找企业存在的动机和理由，是企业自身所承担的责任；核心价值观解答的是我们的价值主张，是企业中所有员工共同信奉的价值准则。

3. 组织的水

在生态系统中，水是保证系统正常运转并充满生命力的源泉。在组织生态系统中，水润万物而生，因此更像是组织中的规章制度和业务流程。它流淌在组织生态系统的每一个环节中，并创造着无限的活力。看似没有具体形状的水却因为有了容器而变得有形，而规章制度和业务流程就是在做这件事，它让企业所有的运转过程都变得有规则，有标准。

规章制度是企业的行为准则，它拥有规范性、强制性、科学性等特征，是保证企业正常运行的基本依据，更是企业迈向现代化管理的基本条件。因此，制度建设将有助于企业的规范管理和长久发展。

业务流程是为了达成统一的业务目标而由不同的岗位、人员共同完成的一系列活动。业务流程不仅是一套规定了工作事项运转的前后顺序的体系，更是降低企业成本，提升企业运行效率的良好手段。

4. 组织的土壤

土壤是为植物生长提供养分的地方。在组织生态系统中，"土壤"指的是激励机制和管控机制，为组织贡献了养分。激励机制和管控机制更能够有效地为组织提供养分，促进组织的良性发展。

我们曾在前面章节针对激励机制进行了深入的探讨，激励是帮助组织焕发活力的根本，我们也希望可以通过激励手段让员工更具创造性和价值感。

管控机制作为管理手段，让每项决策都有据可依，让组织生态变得既有弹性又有原则。

建立组织生态运行仪表盘是一件关乎组织健康发展的重要事项。监测仪表盘让我们可以随时监控到组织的数据变化，如果哪个环节出现了问题第一时间就会有所体现。

三、启动组织"驱动联盟"：搭建员工内生智慧的 BBS

华为的心声社区，号称"华为的罗马广场"，它是 19 万华为人的思想、信息以及声音的集散地。华为在 2008 年创建了内部网站——心声社区，目的是践行自我批评制度。心声社区在过去十余年发表过众多关于公司出现的问题、公司部门甚至相关领导的批评文章，且话锋尖锐。这也引起了 19 万华为人的围观和探讨。心声社区的发展也不是一帆风顺的，当时有很多质疑的声音提了出来，"这样的批评言论会影响公司形象""这是在损害管理层的权威""这些内容只是员工的片面之词"等。但是任正非却说："让人说话，天不会塌下来！真理只会越辩越明。"2010 年年底，任正非在一次讲话中表示："开放心声社区，公司也很有压力，反对的人很多，但我们还是在坚持。我不明白有什么家丑不可外扬的，员工只要坚持实事求是，事情是亲力亲为的，那么有了不对的地方，为什么不可以外扬？我们最近在离职员工的管理办法上删除了'维护公司声誉'这一条。维护是维护不住的，只有改好才行。要允许员工讲话，绝大多数员工不会颠倒黑白的。"

自 2013 年以来，随着华为的管理日趋开放和透明，公司几乎绝大多数文件和高层领导者讲话都会第一时间在心声社区发布，然后由华为人点评、讨论、跟帖。每个华为人都可以就自己的观点、想法和言论在心声社区进行表达，这变成了华为政策宣传的平台，也变成了言论自由的平台。2020 年 2 月 17 日，在关于员工思想教育的座谈会上，任正非对心声社区做了这样的总结："民主就是拿着刀子在自己身上削伤疤，但是不能把头给割了，因此我们要在控制有效的情况下去发挥民主。心声社区这些年做得比较好，还是按照过去的原则去管理：第一，不要去阻挠批评公司、组织的人，即使言语很激烈的帖子，也不要去删，让它发酵；第二，对于人身攻击等其他情况，绝不允许利用网络平台申诉，提倡先走道德遵从委员会等组织途径，不允许直接走网络途径，避免误伤。网络环境总体是一个'弱者强势'的环境，所以不能在网上泄愤。……我们心声社区相当于是在酿'茅台'酒，但要和外界隔离开，外界只能看到'茅台'，不能发言。我们内部什么'细菌'都可以说，不寻求公司太纯洁、太干净，有一点'毒气'并无害处，还可能强身健体，有效的'发酵'有利于公司的成长。"

正是这样的驱动模式，让心声社区变成了员工最信任的民主平台。开设心声社区对华为整体团队凝聚力的打造以及华为企业文化的宣传都起到了至关重要的作用。在这个平台上既可以看到问题，也能够发现人才。正是基于这样的初衷和自我批评的理念，心声社区平台也逐步发展成华为的企业文化中不可或缺的一部分。

在数字化驱动管理进步的今天，我们也要倡导企业搭建一个可以激发员工内生智慧的 BBS。不一定要真的建立一个线上平台，而是要建立一种 BBS 分享的文化。可以在公司的内网、企业管理计划系统、办公自动化系统等平台上做分享，也可以建立分享机制，构建类似于"组织生活会"的模式。拥有员工内生智慧的 BBS 有很多的优势和应用场景。

1. 入职阶段——了解企业文化和公司产品，快速融入团队

一个员工刚刚加入一家企业，如何更快速地了解企业的真实情况，清晰业务和产品，以及锁定自身定位呢？BBS 分享平台一定是最佳路径，因为这里足够真实。作为人力资源从业者，我们是企业文化的奠基者，因此在平台上首先要上传和分享的内容就是与公司企业文化、产品等相关的内容，让新人能够更加快速地融入团队。

2. 成长阶段——正视公司的问题，自由发表建议

当一个员工成了老员工，就会发现组织中存在的各种问题，然后就开

始抱怨并有不满的情绪。这时候组织如果不能给出发泄通道就会变成内部情绪的分享，产生破窗效应，让负能量在组织中蔓延。因此，BBS分享平台给了每个有情绪、有想法、有建议的员工一个表达的平台，让所有的意见都不再只是抱怨，而是给出解决方案。

3. 成熟阶段——收集问题，客观判断，辨别人才

当一名老员工成为企业管理者，他的角色就发生了转变，开始从发现问题的角色转向了解决问题的角色。管理者更希望可以通过BBS分享平台来了解员工真实的想法，同时收集员工提出的问题，剖析问题的根源，做出客观的判断；此外，管理者可以在员工提出问题和反馈意见的过程中辨别哪些人是未来的潜才，可以加以培养。

人力资源的发展已经逐步完成了从人力管理到人才管理的进阶，从原来只关注如何更好地管理员工到现在开始关注人才的体验感，让员工不仅能够被选进来，更要留下来。推动组织发展进入到快车道不仅需要人才管理的支持，更需要组织搭建适应性平台，让人才有支持、有驱动地去完成数字化时代的转型。

第三节

从人力资源管理"主观化"到人力资源"弃人化"转型

▲

数字化转型时代不断迭代更新的技术革命从未停止，今天已经与昨天有了很大的不同，组织层面也发生了根本性的变化。技术进步带来了生产

工具的变化，这种变化是更加智能、现代和高效的，同时也表现出了对人的价值需要逐步减退的趋势。这种变化一方面带来了组织效率的提升，通过技术进步逐渐减少劳动力的支出，让业务发展和生产过程变得更加标准化和高效化；另一方面，技术进步降低了人的不可替代性，越来越多的重复性、基础性的工作被技术所取代，人的部分价值也在丧失。

笔者的导师——南开大学现代管理研究所所长吕峰老师和北京大学心理与认知科学学院博士生导师李圭泉老师，在 2017 年发表于《清华管理评论》上的关于《弃人化管理时代要来？》的文章中指出：组织管理越是依赖技术的严谨推导和标准流程，就越容易陷入局限思维，而对人这一要素的无限创造力的忽略无视，仅将人视为技术的使用者，就不能发挥人在组织发展中的主导作用，导致出现了管理的"弃人化"特征。

未来学家马丁·福特（Martin Ford）在他的著作《机器人的崛起》（*The Rise of the Robots*）中，针对这一问题提出了他的看法。他指出，随着尖端技术的发展，生产模式从机械和生物系统转向人工智能，我们将看到不但制造业和农业的职位供给大受冲击，就连服务业和其他各种专业也无法幸免。随着职位和收入的大量消失，人们对商品和服务的总需求将因此锐减。大量人口将变得"多余"，除非国家能以某种方式进行收入再分配，并为这些人提供补贴以求刺激经济，否则上述情况将对经济产生灾难性的冲击。

作为人力资源从业者，我们发现"弃人化"成了未来的趋势，但是人才的价值依然存在，因为人才作为企业发展的原动力依然发挥着引领发展的作用。

一、呈现准确可靠的"可视看板"

今天，高精准、可视化地提供员工的工作状态和工作完成情况变成了企业发展的必然选择，我们拥有了越来越多的可以代替管理职能的技术手段，同时也面临着管理缺失所带来的员工背弃。因此，技术手段与管理手段之间的相互制衡将影响着未来的组织发展。在解决技术与管理的平衡问题上，有一个工具非常重要——可视看板。

"看板管理"是由丰田汽车公司的工程师大野耐一在1988年开发的一种管理方式。看板管理是丰田汽车公司从超级市场的运行机制中得到的启示，作为一种关于生产、运送指令的传递工具而被创造出来。经过多年的发展和完善，它已经在很多方面都发挥出了重要的机能。日本筑波大学的门田安弘教授曾指出："丰田的生产方式是一个完整的生产技术综合体，而看板管理仅是实现准时制生产的工具之一。把看板管理等同于丰田的生产方式是一种非常错误的认识。"虽然丰田的生产方式中的准时制不能等同于看板管理，但是人们不得不承认，看板管理是准时制生产方式中最独特的部分。在生产型企业中，"看板"是一种类似通知单的卡片，主要传递零部件名称、生产量、生产时间、生产方法、运送量、运送时间、运送目的地、存放地点、运送工具和容器等方面的信息和指令。看板管理的应用目的是传递现场的生产信息，同时能够实现生产现场的思想统一，让一线生产者可以朝着同一个目标而努力工作。

今天，我们将看板管理作为人力资源数字化转型后的管理工具，它的作用与生产企业在用的看板管理有着异曲同工之妙。在进行人力资源管理的过程中，组织也有众多的非生产性的数据需要进行可视化体现。例如，人力资源部门的看板管理中就应该有人员流动率的变化、组织绩效到个人绩效的分解及完成情况、人才培养地图的发展情况、薪酬数据和人工成本的变化情况等。这些可视化的数据对人力资源未来的工作将产生重要的支持作用。同时，在人力资源的日常管理中，所有人员也可以根据看板中显示的数据异常情况来提出自己的改善建议，并在看板中进行展示，方便后续的部门讨论和解决。

人力资源看板管理也是绩效考核透明化和公平的体现。绩效管理作为人力资源管理中的重要模块，一直充当着"背锅侠"的角色。只要业务出现问题，员工出现抱怨，组织出现困难，大家就会说是绩效考核没有起到激励员工的作用。但是具体怎么没有激励成功呢？没有人来回答这个问题。我们在众多企业中发现，绩效考核数据经常被掖着藏着，只在部门内流转，甚至只在公司的少数人手中流转，那么绩效不透明不公开就造成了员工之间的相互猜忌。因此，作为人力资源从业者，一定要在可视化看板中突出展示绩效考核结果和指标的完成情况。只有考核公开才能让员工知道组织的发展离不开任何一个部门和员工，同样，每个员工也都有自己相应的职责和考核要点，我们要做的就是让各个部门、各个员工之间相互配合，实现统一目标。

此外，人力资源可视看板也将组织中的管理漏洞和问题放在了阳光下。可视化的好处就是大家都看得到，那么数据的可视化可以反映进度、完成情况等信息，同样也可以反映管理漏洞和问题。把问题放在阳光下是解决它的最好方法。作为人力资源从业者，我们要做的就是保证解决问题有时间节点，并完成所有可视化的呈现。让问题在暴露之初就能得到有效解决，让管理漏洞在第一次出现的时候就被补上，只有这样才能发挥看板管理的真实效用。

二、建立互利互信的"敏捷合作"

丹尼尔·平克（Daniel Pink）在他的著作《驱动力》中提到，每个人都可以有内在的驱动力，它是可以通过后天习得的。最高层次的创造性是由把奖励看作"额外收获"而创造的。平克用了"自主、专精、目的"三个词来描述对创新性工作真正有效的驱动力，其创造的价值是内嵌内生的。

数字化转型带来了各种工具的迭代更新，从原来纸质化办公到无纸化办公，从信息共享平台到手机应用程序的操作，我们会发现技术操作变得越来越简单，但是部门间的配合却变得越来越难了。我们发现，Z 世代员工成了最为喧嚣的网络时代中最孤独的人。正是信息的传递、需求的实现和个性的满足，让 Z 世代员工呈现出了更加多元化的发展趋势。同样，Z 世代员工也出现了独特问题，那就是缺乏合作精神。

今天，当我们面对越来越多的创新性员工和创新性工作时，组织内部也要创建一种可以实现互利互信的合作模式。这种合作模式应该是敏捷的，而敏捷的前提是明确方向，做正确的事。

1. 敏捷合作第一步——目标一致

目标一致一直是组织发展的首要任务。但是目标到底是谁来定的呢？我们会发现在组织管理的过程中，经常会有落地执行与目标产生偏差的问题出现，对此很多员工给出的反馈是他并不清楚目标到底是什么。因此在目标设定的时候，组织要进行团队共创式的目标设定工作。当员工发现自己的工作目标是自己亲自参与制定的，他就不会再对目标产生怀疑，同样也会想尽办法去完成自己给自己设定的目标。

然而，目标一致并不是在目标确定的那一刻就结束了，在设定目标之后还要进行目标的宣传贯彻工作，要时时刻刻讲目标，时时刻刻传递目标，要让每个员工都清楚地知道组织目标、部门目标、个人目标都是什么，只有这样才能实现目标一致的战略共识。

2. 敏捷合作第二步——进度一致

目标设定后最关键的步骤就是落地实施的过程，这也是看每个员工执行力的时候了。其实在执行之前还有一个关键环节，就是分解目标。我们经常在企业中讲，千斤重担众人挑，人人头上有指标。分解目标的时候也是要每个员工都充分参与的，要让大家把指标拿回去之后都是充分认可的。

在执行落地的时候，我们会发现没有人的工作是可以不与他人合作就能独立完成的。我们并不是工作在一个真空的状态下，所有的工作都会有相应的上下游关系，因此在执行的过程中上下游之间是否能就执行进度保持一致，将决定员工的敏捷合作能力。

3. 敏捷合作第三步——标准一致

执行过后总要看看完成的结果如何，而对结果的考核标准是否在目标制定初期就已经完成了设定呢？很多时候"先干了再说"的心态导致了最后的结果看起来是完成了，但实际上并没有达到应有的效果。因此，目标的标准一致是合作的良好支撑。

敏捷合作的目的是创造组织内部相互信任、相互利好的合作环境，但是归根结底，组织要实现的一定是目标的有效完成。对于目标的考核标准以及对于标准的相互配合度都将决定组织整体目标的实现情况。

人力资源管理在迈向"弃人化"这一步的时候，也经历着组织中人的价值感重塑过程。弃的一定是可以被替代的人、可以被复制的人，留的一定是可以创造价值、提供思想、引领发展的人。敏捷合作也将成为不可替代的价值体现，组织的可持续发展将与组织内的经营文化一脉相承。

三、坚持有的放矢的"动态改善"

罗曼·罗兰（Roman Rolland）说过：世界上只有一种真正的英雄主义，那就是认清了生活的真相后还依然热爱它。组织也在不断地找寻热爱的基因，希望能唤起员工对工作的热爱。在组织发展的过程中，很多优秀的企业已经具备了唤起员工自驱力的模式，而改善机制就是其中浓墨重彩的一笔。

改善机制作为一种管理方式，也来自精益生产，今天管理中的提案改善已经广泛应用到众多企业的基础管理工作中了。我们在企业调研的时候经常听到这样的声音："业务工作太忙了，我们没时间去做改善""我天天面对客户的投诉应接不暇，我哪有时间去改善呢""其他部门每天都在找我解决技术问题，我知道技术有漏洞，但也不是我能改善的"。这样的反馈让我想到了一个角色——企业中的救火队员。他们每天都奔跑于每个起火的现场，把这场火扑灭后又发现了新的火点，然后再奔赴下一个起火现场。一天下来自己筋疲力尽，但是好像这一天又没做什么有价值的事情，主动权不在自己手里，只是疲于奔命。

在企业中我们也强调，一定要"不着急，慢慢来"，慢下来才有时间和精力去思考。作为人力资源从业者也是一样，月初统计考勤，月中核算薪资，月末统计绩效，时时都在招聘，月月都在培训，哪有时间做改善？当我们听到人力资源从业者的困惑时，我们总是安慰说："慢下来，停一停并不可怕。"因为没有时间去思考改善的问题，所以我们会频繁地在同一个起火点上灭火，也会频繁在同一个出错点上纠错，这才是时间最大的浪费。因此，改善机制并不是为了解决当下的问题，而是为了解决根本问题，从根源上找到问题所在，一劳永逸地解决问题。

作为人力资源从业者，面对瞬息万变的市场环境和组织不断革新的价值创造，我们也应该站出来，扛起"动态改善"的大旗，带动组织中的各个部门一起完成改善工作。我们依然要解决两个核心问题，一是改什么？二是如何改？

我们先一起来看看要改什么（图5-7）。

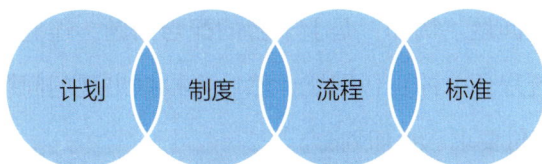

图 5-7　动态改善

1. 改善计划——实现进度管理

组织在设定了明确的目标后都会制订一套完整的计划。计划中最重要的信息应该包含：计划实施者、计划实施时间节点、监督人、进度完成情况，等等。在计划施行过程中最怕的是已经到了某个时间节点才发现计划并没有按照预期去执行，这时再去解决问题已经为时已晚。因此，在执行计划的过程中针对进度管理做动态改善是首要任务。每个时间节点都要设有监督人，针对到时间节点应该完成的工作内容进行把控，如果出现问题就要及时改善计划、解决问题。

2. 改善制度——实现机制管理

组织在发展过程中靠制度来完成员工行为上的纠偏并及时防范责任上的推诿，从而实现了组织统一化标准的建立。改善制度是为了让管理机制可以随着组织的发展和工作内容的变化而进行改变。因此，在发现当前的制度不能涵盖出现的问题时，作为人力资源从业者要勇于站出来提出改善建议。制度的建设就是一项不断打补丁的工作，没有完美的制度，只有不断改善的制度。

3. 改善流程——实现效率管理

计划的实施靠的是业务流程的顺畅流转。流程决定了组织效率。在组织中我们经常会碰到流程卡壳的情况，工作推不下去，谁也不愿意负责，谁也不愿意推进。这时候工作效率就没有了，我们就要去看看流程运转中到底出现了什么问题。例如，是上下游的配合问题，还是流程节点的交付问题，或者是流程环节的责任问题，然后再根据出现的问题去改善流程中的运行方式、交付要求、责任划分。

4. 改善标准——实现质量管理

工作结果并不是提交了就完结了，因为我们的工作结果都应该有标准，这个标准就是组织的质量管理。我们的工作结果可以是直接交付到客户手中的产品，也可以是给客户的一份报告，或者只是提供产品中某个细微环节的螺丝钉，但是不论提供的结果是什么，它都关系到结果交付的质量。因此，想要让客户满意，甚至超出客户的期待，我们就要对结果的交付标准不断做改善。

接下来，我们来看看要如何改（图5-8）。

图 5-8　改善方法

（1）发现问题。动态改善的第一步就是先发现问题是什么。问题不是你说是问题它就是问题的，要靠事实和数据说话。对于发现的问题，我们更应该将其定位到组织发展、客户满意、产品创新等层面。

（2）分析问题。分析问题就要看问题出现的原因、问题所处的背景，以及想要实现的目的。我们可以通过5W1H分析法[①]去进行现状的调研，详细了解数据背后的核心要点，并完成分析整理工作。

（3）改善思路。想要改善这个问题，我们要完成什么具体的步骤，我们可以尝试做哪些努力。同时，我们也要听听别人的意见。改善思路并不

① 5W1H分析法：也叫六何分析法，是对选定的项目、工序或操作，都要从原因（Why）、对象（What）、地点（Where）、时间（When）、人员（Who）和方法（How）等六个方面提出问题进行思考。——编者注

是一个人拍脑袋就可以得出来的，这时候组织智慧比个人智慧更重要。

此外，我们还要对改善的思路进行评估，还要对改善前后所发生的风险、成本、后果做出充分的预估和判断。

（4）实施改善。有了改善思路并完成论证之后，我们就可以实施具体的改善措施了。在实施过程中要做好及时的反馈，对于出现的问题、困难、风险都应该有应对措施。

（5）改善反馈。我们每完成一轮改善工作就要从头到尾做一次复盘。复盘做的是改善后的反馈，现状与之前有什么不同，是更有效还是不尽如人意，这些都需要做好充分的整理和总结。改善反馈环节还有一件非常重要的事情要做，那就是是否还有更好的改善方案。不断地改善精进才是构建解决问题的长效机制的核心。

动态改善只是一个开始，它是一套经久不衰、历经弥新的永动机制，也是激发员工内在自驱力的最佳解决路径。每个人都希望自己能够创造价值，而价值的创造需要机会，这个机会就来自改善。

人力资源管理工作也逐步从"主观化"地想要做什么，转变为人力资源"弃人化"，让员工在技术进步的同时不被时代淘汰才是人力资源更大的责任。

小 结

禅宗有一句话"凡墙皆是门"。在不确定的时代，我们碰到了前所未有的阻碍，碰壁这件事成了常态。作为人力资源从业者，我们也面临着数字化时代带来的改变，原来喜欢伏案工作的我们现在也必须面对新的技术手段带来的变革。碰壁越来越多，并不会消磨我们的斗志，我们需要找到新的"门"，彪悍地活着。

后 记
成为赋能幸福组织的人力资源从业者

余伏案数月，终落笔成书。回首整个历程也是跌宕起伏，从开始的忐忑不安到后期的小心谨慎、如履薄冰，再到最终书稿完成后的释然，写书的过程仿佛是在梳理我的职业生涯，总结了我服务上百家企业的点点滴滴。在写作的整个过程中，"幸福感"一直萦绕在我的脑海中，作为一个具有浪漫主义精神的人力资源从业者，我一直坚信创建组织幸福感是未来每个人力资源从业者的使命。

1. 拥抱变革与寻找机会

要想获得职业幸福感，先要学会拥抱一切。人力资源工作本身就是一个充满挑战和变化的工作，每天会面对不同的人和事，每天都有新的课题，一切事物的发展貌似都不在掌控之中。但是换个角度，我们也能看到人力资源工作带给我们的价值，我们已然成为组织中最宠辱不惊的存在，我们更是组织中文武双全的全能选手。

人力资源从业者应该成为组织中最幸福的人，因为我们本身就是创造幸福的人，赠人玫瑰，手留余香。随着外部环境的变化，各种不确定性和复杂性的出现，人力资源工作也面临着前所未有的挑战。我们应当勇于面对变化，感知自身的局限性，并不断地跳出舒适圈去迎接和拥抱变革与机会。

2. 以客户为中心，回归业务

人力资源工作正在进行着逐层逐级的变化，现在，很多的人力资源从业者还处于事务性的工作中，将自身大部分的时间和精力都贡献给了重复劳动。但是随着数字化技术带来的变革，我们终会发现这些日常事务性的工作都可以被技术所取代，从而实现人力资源工作的"弃人化"。那么，人力资源从业者的价值贡献又在哪里呢？

人力资源工作要想重新寻找立足点，就要回归业务。人力资源从业者不懂业务就如同游泳馆急救员不会游泳一样。任何组织的发展都离不开业务的发展，而业务的发展更离不开客户的支持。因此，作为人力资源从业者，我们要回归到以客户为中心的原点上，将所有人力资源工作的出发点定位到为客户创造价值上，只有在协助业务发展的道路上不断前行，才能赢得支持。

让我们做一名以业务为导向的人力资源从业者，成为组织创造幸福感的奠基人。当业务与职能不再发生冲突，当前台与后台没有了纷争，组织将进入可持续发展的良性循环中。这是幸福组织的前提，更是人力资源从业者的使命。

3. 持续创新、坚持变革

创新，是"山重水复疑无路，柳暗花明又一村"的思维转换，更是梁启超口中的"惟进取也，故日新"的笃定践行。今天，不再有什么事情是一成不变的，我们甚至都不能预判今天与明天的不同，因此持续的创新和不断的变革将成为时代的主旋律。

作为人力资源从业者，我们也发现技术变革带给了人力资源工作更多的可能性，也创造了更多新的关注点，而这些恰恰是塑造组织幸福感的钥匙。原来的人力资源工作只关注管理，能把"管人"这件事搞明白人力资源工作就算是万事大吉了，所以人力资源就做招人、发工资、考核、培训等基础工作。今天，人力资源工作面临着新的挑战，"管人"已经不是组织赋能员工的最佳行为方式了，我们开始关注员工的体验感、满意度和内生智慧的发掘。

作为赋能组织幸福感的关键角色，人力资源从业者要让组织常学常新、常用常新，不断寻找工作中的创新点，坚持变革带来的益处，让组织在发展中获得生机，让员工在变革中获得幸福感。